ANNIKA LINE TROST

75F

EIN BUCH
ÜBER   WAHRE

GROßE

❊ | FISCHER

Originalausgabe

Erschienen bei FISCHER Taschenbuch,
Frankfurt am Main, Juni 2015

© S. Fischer Verlag GmbH, Frankfurt am Main 2015
Satz: Fotosatz Amann, Memmingen
Druck und Bindung: CPI books GmbH, Leck
Printed in Germany
ISBN 978-3-596-03042-2

*Ein großer Busen ist
wie ein Kompass,
der immer Richtung
Irrsinn zeigt.*

Inhalt

VOR~~BAU~~WORT

Zwei Argumente für dieses Buch:

Erstens ich habe Brüste.
Zweitens ich habe viel über sie zu erzählen.

Natürlich hat jede Frau Brüste. Irgendwann sind sie mal gewachsen, taten dabei ein bisschen weh, wurden in Körbchen verpackt, von Verehrern berührt, geknetet, abgelutscht, haben vielleicht Milch gegeben und taten dabei ein bisschen weh. Jede Brust hat also ihre Geschichte. Meine allerdings ist größer. 75 F-größer um genau zu sein.

Ding Dong. 75 F, das ist so groß wie zwei Honigmelonen, so schwer wie vier Hefeweizen und so einfach zu verstecken wie ein rasierter Affe, der Akkordeon spielt. Nichts also, was man auf die leichte Schulter nehmen könnte. Eher zwei Tatsachen, die einem oft zum Hals raushängen.

Dann zum Beispiel, wenn beim Betreten eines Restaurants wieder mal die Gespräche verstummen und alles Richtung Ausschnitt schweigt, ganz so, als hätten die Brüste beim Mantelablegen mit einem Löffel gegen ein Glas geklopft, um eine Rede zu halten. Kling Klong.

Oder dann, wenn beim Versuch, Klamotten zu kaufen, in der Umkleidekabine der blanke Brustfrust hochkommt, weil es unmöglich ist, eine Oberweite mit dem Umfang eines Briefkastens und eine Taille mit dem eines Blumentopfs in dieselbe Bluse zu quetschen, ohne dadurch auszusehen wie die Darstellerin, die am Anfang von Turbotitten Teil 2 die Tür aufmacht und sagt: »Kommen Sie rein. Hier muss unbedingt ein Rohr verlegt werden.«

Und was die Reaktionen der Männer betrifft, die Säuglingsblicke, die Schmatzgeräusche, das Pfeifen, das Johlen, der Greifreflex, irgendwann wurde mir das alles mehr oder weniger titte, wie der Kuh die Fliegen, die um ihr Euter schwirren; keine Last mehr, höchstens lästig.

Das Lästern der Frauen dagegen wiegt schwerer. Das zieht richtig runter. Wenn sie auflachen, mit den Augen rollen, ihre gelben Giftblitze in mein vermeintlich feindliches Dekolleté schießen und der Busenfreundin ins Ohr flüstern, gut hörbar für alle: »Nein, *das* wäre mir zu viel! Das ist schon nicht mehr schön!« Zisch Zisch. Als wären meine Brüste zwei Mungos, die sich zu dicht an ihre Schlangengrube gewagt haben, Alarmstufe 75 F!

Dabei müssten es Frauen doch besser wissen. Wissen, dass wir uns die Größe unserer sekundären Geschlechtsmerkmale nicht aussuchen können, dass Brüste keine High Heels sind, die man aus dem Schrank holt, um sich aufzudonnern, und wieder reinstellt, wenn einem Auffallen nicht mehr gefällt. Keine von uns wurde je gefragt, wie sie ihre Quarktaschen gerne hätte: Mager, Halbfett oder Doppelrahmstufe, Clutch, Tote oder Shoulder Bag? Außer vielleicht von Dr. Silikon. Aber das zählt nicht. Schummeln ist ja kein Schicksal. Schnipp Schnapp.

Mein Schicksal füllte jedenfalls zwei Körbchen der BH-Größe 75 F. Schon mit 11 ahnte ich: Kein Nippel ist so hart wie das Leben mit Monstertitten. Und, von wegen Null Problemo: Alles begann mit einem Alf-T-Shirt ...

Ringring, ringring.

– Hallo?

– Ja äh hallo ... Spreche ich da mit Annika?

– Ja ...

– Ah hi. Na, deine Stimme hätte ich mir ja ganz anders vorgestellt ...
Ich bin Maurice. Ich habe deine Nummer von Olli.

– Olli ...?

– Na der im Dings immer dienstags an der Bar arbeitet ...

– Hmmm ... wo?

– Na egal, jedenfalls, pass auf: Ich bin Fotograf. Ich mache viel so
Newtonzeug, viel schwarzweiß, ich hab zum Beispiel auch schon die
Nadine Hinzelstedt fotografiert, als die noch ganz unbekannt war ...

– Wen ...?

– Na, die Nadine Hinzelstedt, die jetzt bei GZSZ bei Herrn Daniel
im Café arbeitet, du weißt schon ... Hab die sozusagen entdeckt so'n
bisschen kann man sagen ... Na ja egal, pass auf, die Sache ist die:
Diesen Sonntagnachmittag steht mir eine original echte Corvette C4
zur Verfügung, in metallicblau mit'n bisschen türkis drin ... aber
Farbe is' ja egal, wird ja eh schwarzweiß (grunzgrunz) ... Auf jeden
Fall such' ich jetzt gerade noch ein Model, was selber auch'n paar PS
unter der Haube hat, wenn du verstehst, wie ich meine (grunzgrunz)
... Und da meinte der Olli, du wärst da genau die richtige Frau für.

– Also versteh' ich das richtig ... Du möchtest Fotos von mir in einem
Auto machen ...?

– Ja genau. Im Auto, auf dem Auto, vor dem Auto, neben dem Auto, alles, was geht halt. Schön windschnittig ... (grunzgrunz).

– Wie windschnittig ... nackt oder was?

– Na ja, schon nackt. Aber mit Schuhen!

– Also nackt.

– Ja, aber voll ästhetisch. Wird ja schwarzweiß.

– Ähhh, also ...

– Na, jetzt sei mal nicht so schüchtern ... Wie groß sind'n deine Brüste jetzt genau?

– Wie groß ist denn dein Budget genau?

– Budget, Baby ...?! Na hör mal, weißt du, was so 'ne geile Karre für'n Nachmittag kostet?! Da bleibt nicht viel nach. Aber du bekommst natürlich ordentlich Abzüge. Kannst du deinem Freund schenken, der freut sich. Und, pass auf, weißt du, was ich mache: Der Nadine schick' ich auch gleich 'n paar Abzüge, kann sie direkt bei RTL abgeben. Mach' ich dir alles klar. Was sagst du dazu?

– Hmmm ... Ehrlich gesagt, für mich klingt das irgendwie unseriös.

– (Grunzgrunz) Na immer sachte ... Mädchen, pass auf, ich sag' dir jetzt mal was: Am Anfang der Karriere darf man echt nicht so hochnäsig sein. Bisschen Einsatz muss da schon kommen. Alle Großen haben das gemacht: Madonna, Nadine Hinzelstedt ...

– Mag sein, aber für mich ist das nix. Tut mir leid.

– Na, das kann's auch! Selber schuld, wenn aus dir nichts wird. Kannst ja noch mal drüber nachdenken. Ich meld' mich dann noch mal vor Sonntag.

– Neee ...

– Alles klar. Wir gucken.

Klack.

1

Alles begann mit einem Alf-T-Shirt

Morgens hatte es auf meinem Schulranzen gelegen. Daneben eine Banane, zwei Päckchen Vanilletrunk und ein Zettel mit der Schnörkelhandschrift meiner Mutter: *Für meine kleine Maus. Hab' ich gestern in der Altstadt gefunden. Steht dir bestimmt toll. Und nicht vergessen: 14 Uhr 30 Kieferorthopäde! Hab' dich lieb, Mama.* Eigentlich ein guter Anfang.

Aber klassische Horrorgeschichten fangen ja immer gut an: Arztfamilie zieht in Kleinstadtidylle, Jugendgruppe trinkt Dosenbier in Waldhütte, Vater schenkt Sohn ein kulleräugiges Fellknäuel aus einem Antiquitätenshop in Chinatown. Immer ist das Leben gerade Null Problemo, doch dann, kreisch kreisch, geschieht das Unabwendbare: Die Arztfamilie metzelt sich plötzlich untot durch die neue Nachbarschaft, die Jugendlichen fingern im Brausebrand das Tor zur Hölle auf, und das Fellknäuel mit den Kulleraugen verwandelt sich in eine Armee blutrünstiger Killer-Gremlins.

Natürlich hatte meine Mutter nichts derart Nippelsträubendes im Sinn, als sie mir, ihrer elfjährigen Anni, im Frühling 1988 vom Bummeln das Alf-T-Shirt mitbrachte.

Wie auch? Eine Mutter kann ja nicht böse. Es nur gut zu meinen ist ihre Natur. Das steckt in ihr drin, genauso wie es in Alf steckt, Scheiße zu bauen und Muschis zu fressen.

Es war also nicht ihre Schuld, dass das mit mir und dem

weißen, hauchdünnen Baumwolltextil mit dem extrem hohen Stretchanteil an diesem ziemlich schwülen Frühlingstag so dermaßen in diverse Männerhosen ging.

Wahrscheinlich hatte meine Mutter sogar gedacht, ein T-Shirt mit dem Aufdruck eines Außerirdischen mit Popperpony könnte ablenken von dem, was darunter begonnen hatte hervorzupoppen. Hoffte vielleicht, eine Null-Problemo-Sprechblase auf meinen problematisch immer praller und praller werdenden beiden Mopswelpen könnte diese Entwicklung irgendwie stubenrein halten.

Sie hatte ja keine Ahnung, dass ausgerechnet das gutgemeinte Alf-T-Shirt die Bestie der Busenblicke wecken würde. Das unersättliche Ungeheuer, das mich von diesem Tag an nicht mehr aus den Augen lassen sollte – zumindest nicht aus Nippelsicht.

In der Schule war noch alles voll Null-Problemo-mäßig gewesen.

Ich hatte meine Banane gegessen, trotz der braunen Stellen, die zwei Päckchen Vanilletrunk mit den dafür vorgesehenen Trinkhalmen getrunken und sogar noch die vanillige Luft herausgesaugt. In Bio hatte ich Kressesamen in feuchte Watte gesetzt, in Mathe mit positiven Zahlen und gemeinsamen Nennern gerechnet und in Deutsch eine Zwei plus für einen Aufsatz zurückbekommen, in dem es darum ging, wie lustig ich mir die Zukunft vorstellte.

In der ersten Pause hatte ich auf den Hofbegrenzungspfeilern balanciert, in der zweiten Smiley-Sticker getauscht und mich dann mit meiner Busenfreundin Tinka Kowalec für nach dem Kieferorthopäden zum C64-Spielen verabredet. Alles also wie sonst und Alf auf meinem T-Shirt immer vorneweg.

Dann war es 14 Uhr. Ich stand an der Bushaltestelle Adamstraße und wartete auf den 35er Richtung Dr. Hartmann. Richtung Dr. Hartmann bedeutete die andere Richtung als sonst. Und die andere Richtung als sonst bedeutet, wenn man elf ist, ein komisches Gefühl.

Mein pinkgrauer Schulrucksack, über dessen Füllgewicht sich meine Mutter täglich echauffierte, zwang mich ins Hohlkreuz. Der Erdkundeatlas, das Photosynthesebuch, der Pelikan-Tuschkasten, der Schülerduden zogen meine Schulterblätter zusammen und Alfs Knopfaugen dadurch unvorteilhaft auseinander. Und, wie immer seit dem Matschapfelunfall neulich, begann der Rucksack, in Verbindung mit Sonne, aus der Seitentasche nach Essig zu riechen. Streng und süß. Säuerlich und beißend. Ein bisschen wie das Fell meines Kaninchens Virginia, kurz bevor es gestorben war.

Aber heute stank noch etwas anderes. Gewaltig. Sehr gewaltig. Bis dorthin, wo Virginia wahrscheinlich gerade auf einer flauschigen Wolke von meiner Oma mit Löwenzahn gefüttert wurde. Es stank zum Himmel. Doch nicht allein nach vergorenem Obst in Nylonfaser oder siechendem Streicheltier. Heute lag mehr in der Luft. Streng. Süß. Säuerlich. Beißend. Sehr beißend. Und das, was da biss, biss nicht in der Nase. Nicht in den Augen. Nicht im Rachen. Es biss mich auf Herzhöhe. Direkt. Sehr direkt. Genau in die Brustwarzen!

Was zur Hölle war das?!

Es fraß sich durch meine vom Wachstum geschwollenen und frisch erst erdbeerrosa gewordenen Warzenhöfe. Verschlang jedes einzelne Gramm meiner schon apfelgroßen Mädchenbrüste. Schluckte für eine Sekunde alles, was ich über Obst, das Leben und mich selbst wusste, würgte es wieder hervor und spuckte es besudelt auf den Bürgersteig der Bushaltestelle.

Ekeliges Gefühl.

Ich guckte mich um.

Hoffte, dass niemand gemerkt hatte, was mir da gerade passiert war. Denn, auch wenn ich nicht checkte, was das gewesen sein sollte, schon allein die blanke Tatsache, dass einem etwas passiert, ist, wenn man elf ist, ja wohl total peinlich!

Wie Kacke am Schuh. Nur schlimmer.

Der Gemüsemann schräg hinter mir sortierte summend Salatgurken in seiner Auslage und schnalzte fröhlich mit der Zunge. Nebenan drehte Optiker Ernst sein Türschild auf Mittagspause und verschwand mit einer Hand in der Hosentasche im Halbdunkel seines Ladens.

Ein Glück, dachte ich, die haben schon mal nix gemerkt.

Und während ich dem hupenden Kastenwagen mit den winkenden Handwerkern hinterherschaute, fiel mein Blick auf einen rothaarigen Mann mit Schnurrbart, der, ans Haltestellenschild gelehnt, aufgehört hatte, seine Zigarette zu rauchen. Regungslos ließ er sie zwischen seinen bleichen Fingern runterbrennen, so dass die Kippe fast nur noch aus Asche bestand, die nun drohte, jeden Moment auf seine Wildlederslipper zu fallen.

Er starrte zu mir rüber. Direkt. Sehr direkt. Extrem direkt. Zu direkt. Genau auf mein Alf-T-Shirt.

War der auch Alf-Fan?

Und während ich mich noch ein bisschen ärgerte, dass ich zu schüchtern war, ihm den Tipp zu geben, doch mal in der Altstadt zu gucken, ob es da noch Alf-T-Shirts gibt, biss es wieder zu.

Aaarrrghhh!

Aaarrrghhh!

Was passierte hier?! Hatten seine Augen Zähne?!

Ich schaute an mir runter. Vorbei an meinem Schlüsselbein, vorbei an meinem T-Shirt-Ausschnitt, vorbei an der überdehnten Null-Problemo-Sprechblase, in Alfs verzerrtes Penisnasengesicht. Und da sah ich, dass die Alf-Augen plötzlich auf etwas schielten. Und zwar auf das, was sich links und rechts von ihnen durch das transparente Taiwan-Textil drückte: meine Brüste.

Ding Dong! Alarmstufe Rosa! Nippel in Sicht!

Die blöde Billigbaumwolle verdeckte nichts! Man konnte alles sehen! Und dank Elastananteil voll in Farbe, Form und Fülle. Jeden drüsigen Kräusel, den nun die Scham über die Warzenhöfe scheuchte.

Zwei sichtbar aufgeregt durchblutete Brustwarzen im Antennenmodus: Diit Dit Dit Diiiit. Diit Dit Dit Diiiit – Möpse an Melmac – Möpse an Melmac – Wir haben ein Problem – Busen ohne Deckung an Bushaltestelle – Brauchen sofort textile Verstärkung!

Aber textile Verstärkung? Nix da. Woher denn?!

Wer nimmt schon mit elf bei geilem Frühlingswetter eine Jacke mit zur Schule?! So nur für alle Fälle, auf Nummer sicher, könnte ja frisch werden.

Ich war zwar ein artiges Kind, aber nicht plemplem!

Und selbst wenn ich an diesem Tag zufällig einen adamstraßenfarbenen Tarnponcho dabei gehabt hätte, ich wäre gar nicht in Lage gewesen, das Ding aus dem Rucksack zu fummeln und es mir überzuschmeißen. Weil: Ich konnte mich ja nicht bewegen. Ich war erstarrt durchs Angestarrtwerden. In der totalen Anstarrstarre. Meiner ersten Anstarrstarre.

Blicke können zwar nicht töten, aber sie können beißen. Blicke brauchen Fleisch. Mit der Stumpfheit einer Horde Zombies kennen sie kein Erbarmen.

Ich konnte mich an der Bushaltestelle nicht einfach wegdrehen, mir nicht die Hände vor die Brüste halten, den Rucksack nach vorne schnallen oder nach Mama rufen. Je mehr meine aufgebrachten Brüste versuchten, sich den vor Geilheit triefenden Glotzern des rothaarigen Zippen-Zombies zu entziehen, desto schlimmer wurde es. Desto nippeliger die Nippel, desto kräuseliger die Kräusel, desto durchsichtiger das Alf-T-Shirt.

Scham lass nach, du bist umzingelt! Gefangen im Titten-Traktorstrahl der Busenblickbestie. Ekliges Gefühl. Wie Kacke am Schuh. Nur schlimmer. Weil es keine Bordsteinkante gibt, an der man schmutzige Blicke abstreifen kann. Keine Pfütze zum Abwaschen. Kein Stöckchen, mit dem man das Scheißgefühl wieder abkriegt. Das Profil der Seele ist tiefer als das jedes Turnschuhs. Und so ein Busen ist sensibel. Sehr sensibel. Oft vielleicht zu sensibel. Harte Nippel, weicher Kern.

So ist das.

2

Die Möpse müssen ins Körbchen

Plötzlich war da ein Strich. Außen an meiner linken Brust. Rot und so lang wie ein Streichholz. *Hat Muschi dich da vielleicht gekratzt?*, fragte meine Mutter, und der Gedanke war durchaus naheliegend, denn Muschi kratzte mich täglich. Zu Recht, weil unsere Katze Muschi musste bei meinem Bruder und mir ziemlich was aushalten. Robin-Hood-Hüte aus Filtertüten, Ritterrüstungen aus Alufolie, Krankentransporte per Puppenbett, Flucht über die innerdeutsche Grenze aus Wollfäden im Kinderzimmer, mit Sisaltodesstreifen, Spielzeugkistenwachturm, Schrubbergrenzschranke und Spuckekugelschießbefehl.

Unsere Muschi war für wirklich viel zu haben, aber wenn sie die Katzenschnauze voll hatte, fuhr sie eben ihre Krallen aus.

Am nächsten Tag waren zwei weitere Striche auf meiner linken Brust zu sehen und einer auf der rechten. Muschi war also entlastet und meine Mutter sehr besorgt. Wir-müssen-zum-Arzt-Gesicht. *Das ist bestimmt nichts Schlimmes, Anni, aber ich möchte das lieber abgeklärt wissen.* Ab zu Herrn Dr. Miller also. Wieder mal. Und wieder wegen meinen Brüsten.

Da saß ich. Auf einem der knallorangen Ministühle des Wartezimmers unter einem gerahmten Großformatfoto eines mampfenden afrikanischen Jungen mit Reisbreischüssel. Und während sich um mich herum Impfbabys und Keuchhustenkinder um abgegrabbeltes Bazillenspielzeug und Bilderbücher mit Kotzflecken stritten, wartete ich darauf, mich oben ohne auf einen der als Eisenbahnwaggon dekorierten Behandlungstische zu setzen und Herrn Dr. Miller, meinem Kinderarzt, meinen Busen zu zeigen.

Und das war viel mehr Busen als letztes Mal.

Da waren es nämlich nur geschwollene Brustwarzen gewesen.

Ich war morgens aufgewacht, und sie taten weh. Waren hart, als hätte jemand über Nacht, während ich die Träume einer Zehnjährigen träumte, von Welpen und Cherry-Coke-Dosen, von Höhlen im Wald und Pierre Cosso, mir jeweils links und rechts ein Fünfmarkstück implantiert. Autsch! Meine Mutter hatte gesagt, sie wolle das lieber abgeklärt wissen, und Herr Dr. Miller – nach gründlichem Abtasten –, dass es sich nicht um beidseitigen Brustkrebs handele, sondern um ganz normales präpubertäres Wachstum meiner Milchdrüsen, und sie könne mir ja Quarkwickel machen, dann würden die Brustwarzen vielleicht wieder abschwellen.

Diesmal war es aber offensichtlich, dass hier härtere Bandagen angelegt werden mussten als in Geschirrhandtuch gewickelter Magerquark.

Tja, deine Brüste wachsen ganz schön schnell, Seppel.

Herr Dr. Miller fand es immer noch lustig, mich Seppel zu nennen.

Er kannte mich ja schon mein ganzes Leben. Auch in der Zeit, in der ich darauf bestanden hatte, kein Mädchen zu sein, sondern ein Junge und Seppel zu heißen, wie der Kumpel von Kasper aus *Der Räuber Hotzenplotz*. Herr Dr. Miller hatte es sogar so lustig gefunden, mein kindliches Gender-Bender-Gebaren ernst zu nehmen, dass er auf meiner Karteikarte den Vornamen Annika von seiner Sprechstundenhilfe durchstreichen und durch Seppel ersetzen ließ. Und selbst jetzt, wo mein Kurzhaarschnitt schon dermaßen rausgewachsen war und ich nun mit Haarreif, Pferdeschwanz und prallem Busen vor ihm saß, konnte er von so einem tollen Praxis-Insider wie dem Seppel Line Trost einfach nicht lassen.

Deine Brüste wachsen so schnell, Seppel, dass dein Bindegewebe da nicht mitkommt. Deshalb ist an den Stellen, wo du jetzt die roten Striche siehst, er fuhr mit seinem Zeigefinger die Außenseite meiner linken Brust entlang, *deine Unterhaut gerissen. Und damit sie nicht weiterreißt, ist es jetzt sehr, sehr wichtig,* er hob mit beiden Händen meinen Busen etwas an und drückte ihn mit einem leichten Ruck zusammen, *dass wir deine Brust stützen.*

Seppel, du bekommst einen BH.

<table>
<tr><td>BH</td><td>BH</td></tr>
<tr><td>BH</td><td>BH</td></tr>
<tr><td>BH</td><td>BH</td></tr>
<tr><td>BH</td><td>BH</td></tr>
<tr><td>BH</td><td>BH</td></tr>
<tr><td>BH</td><td>BH</td></tr>
<tr><td>BH</td><td>BH</td></tr>
<tr><td>BH</td><td>BH</td></tr>
<tr><td>BH</td><td>BH</td></tr>
</table>

BH BH BH BH BH   BH BH BH BH BH

BH BH BH BH BH BH BH   BH BH BH BH BH BH BH

BH BH BH BH BH BH BH BH BH BH BH BH BH BH BH BH BH BH

BH BH BH BH BH BH BH BH BH BH BH BH BH BH BH BH

BH BH BH BH BH BH   BH BH BH BH BH BH

BH BH BH BH   BH BH BH BH

Die Möpse mussten also ins Körbchen.

Mit dem ersten BH ist das ja so:

Manche Mädchen nerven ihre Mütter so lange, bis sie ihnen endlich das Geld und die Erlaubnis dafür geben.

Manche Mädchen fischen sich heimlich einen aus dem Schrank der großen Schwester, in der Hoffnung, sich ihren Schwarm damit zu angeln oder sogar den Schwarm der großen Schwester.

Manche Mädchen ziehen mit ihren Busenfreundinnen los und kichern sich durch Wäscheabteilungen, dass die Kabinenwände wackeln.

Manche Mütter von Mädchen machen aus der Anschaffung ein rührseliges Mutter-Tochter-Happening und kleben den Kassenbon zwanzig Jahre später in die Hochzeitszeitung.

Manche Mädchen brauchen eigentlich gar keinen, wollen aber nicht die Einzige ohne sein.

Manche Mädchen brauchen unbedingt einen, um ihn mit Klopapier auszustopfen.

Für manche Mädchen ist er ein Zeichen an die Welt, dass sie kein Mädchen mehr sind, sondern eine junge Frau, die sie von nun an bereit sind zu stehen.

Und dann gibt es eben noch andere Mädchen, so wie ich eines war, die bekommen ihren ersten BH aufgrund einer medizinischen Indikation ärztlich verordnet, wie eine Brille, wie eine Zahnspange oder Anti-Senkfuß-Einlagen.

Some boobs are bigger than others.

Na toll. Aber zum Glück war ich ja im Verbummeln von Körperkorrekturkram mittlerweile ein Vollprofi. Diese Sachen, die einem angeblich helfen sollen, das Leben zu verbessern, in Wirklichkeit aber alles bloß kompliziert, peinlich und scheiße machen, konnte ich meisterlich verschwinden lassen.

Das Aquarium zum Beispiel war für meine Brille ein absoluter Top Spot. Sechs Tage lang hatte meine Mutter jedes Kissen der Wohnung umgedreht, Schubladen ausgeräumt und sogar einen Brille-verloren-Zettel an das schwarze Brett des Kiosks unserer Straße geklebt. Meine Zahnspange mit der dazugehörenden Kinnklappe, die mit Stahlhaken in ein Kunststoffstirnband eingehängt wurde, tarnte ich oft erfolgreich als alte Lampenfassung mit Lüsterklemme im Werkzeugkasten meines Vaters.

Und so war ich mir sicher, als ich mit meiner Mutter die Rolltreppe zur Unterwäscheabteilung von Hertie-Spandau hochfuhr: Auch für den bescheuerten Kack-BH würde ich schon die geeignete Sofaritze finden.

Aber erst mal fand ich mich zwischen einer dicken Verkäuferin mit Turmfrisur und meiner Mutter vor dem neonbeleuchteten Spiegel einer Anprobekabine wieder.

Schon wieder oben ohne.

Na Kleene, du bist ja och nich' gerade aus Bergisch Glattbach, wa?

Hä, woher ...???

Mit kaltem Kunststoffmaßband wurden erste Zahlen eingeholt. Die Vermessung meiner neuen Welt der äußeren Werte hatte begonnen.

Dit sind 70 Zentimeter Unterbrust und 86 Brust. Differenz also

16. Wird wohl 'ne jute 70 B sein. Ick bring' aber zur Sischerheit lieber och noch ein, zwei Cs mit.

70 – 86 – 16 – B – C – Bahnhof!

Das toupierte Fachkraftorakel verschwand durch den Kabinenvorhang. Meine Mutter schaute mir durch den Spiegel auf die Brüste. Alles-ist-gut-Gesicht.

Weißt du was, Anni, wenn wir hier gleich fertig sind, gehen wir noch in den ersten Stock in die Musikabteilung, und dann kannst du dir eine Schallplatte aussuchen. Okay?

Klar okay.

Vorhang auf für die Verkäuferin. Schächtelchen öffneten und schlossen sich. Bügel baumelten. Brüste blitzten. Wie wild wirbelnde Wäsche. BH-Parade.

Häkchen in Ösen, Justieren der Träger, griffiges Gezuppel, Frauenfinger mit langen Lacknägeln schoben sich unter Gummibänder, anziehen, loslassen, schnapp.

Da müssen immer zwei Finger dazwischen passen.

Dit darf nich' einschneiden.

Oh, hab' ick dich jekratzt?

Einmal Arme hoch, bitte.

Umdrehen.

Gerade stehen, Püppi.

Nee, dit is tatsächlich schon 'n C-Körbchen.

Hätt' ick mit Schmetterlingsschleifchen und Glitzerstein.

Oder och immer praktisch is' ja ein französischer Verschluss. Der sitzt vorne. Muss man sich nich' beim An- und Ausziehen hinterm Rücken so verrenken.

Aber für den Anfang is' wahrscheinlich ein Sport-BH dit Beste. Der ist zwar nich' chic, aber hält jut.

Welcher BH war mir Jacke wie Hose.

Vielleicht wollte ich Schmetterlingsschleifchen und Glitzerstein, ohne es zu merken, vielleicht wollte ich einfach nur Raupe bleiben. Vielleicht wollte ich den französischen Verschluss, ohne es zu merken, oder einen unkomplizierten polnischen Abgang. Es könnte sogar sein, dass ich lachte und staunte, ohne es zu merken, über den großen Tittenzirkus, der nun in mein Leben zog, vielleicht weinte ich auch.

Ohne, dass es meine Mutter oder die Turmfrisur gemerkt hatte, war ich nämlich längst hinter der Scheibe. Dort wo das Brausen, die Fanfaren, das Knallen der Peitsche in der Manege der Bekloppheiten weniger hallen, aber auch jedes *Halt!* erstickt, bevor es etwas aufhalten könnte. Ich war mein Spiegelbild-Ich.

Das Spiegelbild-Ich ist eine Möglichkeit, sich rauszuziehen, wenn einem Situationen zu dicke kommen. Es ist wie eine Schutzmeditation. Ein Halbschlaf. Ein gepolsterter Platz auf dem Zuschauerrang der Selbstvorstellung. Mit Sicherheitsabstand beobachtet man sich in seiner Unsicherheit.

Man sollte das Spiegelbild-Ich aber nicht mit der Anstarrstarre verwechseln. Es ist selbstgewählt und alles andere als starr. Das Spiegelbild-Ich kann zum Beispiel an Konversationen teilnehmen, Sport treiben, schwere Maschinen bedienen und, sofern es einen Führerschein besitzt, auch Autofahren. Es hält immer sicher die Spur, aber es wird einem nie sagen, wo es langgeht, U-turnen oder rechtzeitig eine Vollbremsung hinlegen.

So wie zum Beispiel beim Friseurbesuch Ende der letzten Sommerferien, als mein Spiegelbild-Ich zusah, wie ich von einer Friseusen-Tussi voll die Frisur versaut bekam.

Ich hatte es ihr erklärt, sie hatte mich verstanden: Ich wollte einen Irokesen, der aussieht wie herausgewachsen. An den Seiten kurz geschnitten, vom Pony bis in den Nacken zehn Zentimeter lang breit gelassen und mit Stu ... Stu ... Stu ... Stu ... Studio-Line-Gel von L'Oréal hochgestylt. Eine geniale Übergangslösung bis zum Pferdeschwanz, die, so hatte ich es genau geplant, meine Individualität unterstreichen, meine Mitschüler am ersten Schultag schocken und die Kumpels meines älteren Bruders beeindrucken würde.

Die totale Hitfrisur! David Beckham sollte mir eines Tages recht geben, allerdings erst viele Jahre später ... Denn der Mecki, den mir die Schnippelkuh dann mit scheißfreundlichem Lächeln verpasste, hätte noch nicht mal Pierre Littbarski aus den Stulpen gehauen:

Den Nacken hatte sie mir einfach ausrasiert, die Seiten angestuft, oben alles über die komplette Fläche fluffig hochgeföhnt. Ich sah aus wie ein im Wäschetrockner verendetes Igelbaby!

Meiner Mutter, die mich irgendwann endlich abholte, steckte sie dann noch ihre volle Absicht: *Ich konnte dem Kind doch keinen Iro schneiden!,* und fühlte sich in ihrer Ignoranz und dieser gewissen Fiesheit, die nur Friseure unter dem Scheitel tragen, wahrscheinlich sogar noch als Heldin der haarigen Geschichte.

Und anstatt zu rufen: *Halt! So doch nicht!,* hatte ich mir als Spiegelbild-Ich die ganze Zeit über nur in die verzweifelten

Augen geguckt und zugesehen, wie, schnipp schnapp, aus der coolen Übergangsfrisur *So!* eine untergangsmäßige Hirni-Frisur wurde.

Ein anderes Mal hatte mein Spiegelbild-Ich sogar zugesehen, wie ich eine Dreiviertelstunde Gruppenkrankengymnastik gegen Knickwirbelsäule mit zwei gebrochenen Zehen zu Ende turnte. Anstatt zu schreien: *Aua! Halt!*, nachdem ich bei der Gleichgewichtsübung volle Kanne mit dem rechten Fuß von unten gegen die Holzsitzfläche der Turnbank gedonnert war, balancierte ich weiter.

Selbst bei den Sit-ups mit gestrecktem Bein, den Kniebeugen und den Liegestützen sah mein Spiegelbild-Ich mich ohne Mucks die Zähne zusammenbeißen.

Meiner Mutter, die mich irgendwann endlich abholte, steckte ich dann im Auto, dass wir sofort zu Herrn Dr. Miller fahren müssen, zum Fuß-Röntgen.

Seppel, du hast dir zwei Zehen gebrochen.

Man kann also sagen, das Spiegelbild-Ich ist eigentlich kein guter Umgang. Dauernd unterlässt es Hilfeleistung und macht dabei noch einen auf Retter.

Aber eins muss man ihm wirklich lassen: Das Spiegelbild-Bild ist immer da, wenn man sich gerade nicht mehr anders zu retten weiß. Und in Umkleidekabinen, beim Passieren von Straßencafés, beim Einsteigen in die U-Bahn und auch sonst im Leben kommt es mit einem großen Busen leider oft viel dicker, als man es gerne hätte.

Aber, kratz kratz, fauch beiß, sich jedes Mal wie eine Muschi aufzuführen, wenn man die Schnauze voll hat, ist auch keine Lösung. Schon gar nicht für jemanden, der nicht gerne auffällt.

Und groß auffallen ist nicht mein Ding. Jedenfalls nicht durch etwas, das ich mir nicht selbst ausgesucht habe.

Damals wollte ich eine Ärzte-Schallplatte und ein Schlagzeug. Ich wollte neongrüne Rollen für mein Skateboard und einen Hund.

Ich wollte cool sein, unabhängig und locker.

Ein BH stand nicht auf meiner Liste.

Ringring, ringring.

– Hallo?

– Guten Tag. Spreche ich da mit Annika Trost?

– Ja.

– Annika, ich grüße dich. Ich bin der Lutz von Todglüsing, ein guter Bekannter von Dörte und Hajo.

– Ah, alles klar … hehe … die habe ich ja lange nicht gesehen.

– Ja, du, die lassen dich auch ganz lieb grüßen. Aber weswegen rufe ich eigentlich an …? Also kurz zu mir: Ich bin gelernter Landschaftsgärtner, beschäftige mich viel mit Ganzheitlichkeit und so weiter, aber meine ganz große Leidenschaft ist die Fotografie.

– Aha …

– Ja, genau. Weil, weißt du, durch meine Fotos habe ich die Möglichkeit, all das zu verbinden: die Natur, den Körper, den Körper als seine eigene Landschaft. Weiß du, ich stelle mir manchmal vor, wie sich eine Ameise fühlen muss, wenn sie auf einem Menschenkörper sitzt und sich umschaut. Für sie ist der Körper ja dann kein Mensch, sondern eine Landschaft.

– Verstehe …

– Ja, Wahnsinn, oder? Und neulich, als ich die Dörte als Uckermark fotografiert habe … ist übrigens ganz toll geworden … hatte der Hajo die Idee, dich doch mal als Berglandschaft anzufragen.

– Wie als Berglandschaft?

– Na ja, dein Körper dargestellt als Gebirge.

– Meinst du so was wie die Alpen?

– Ja, toll, genau. Finde ich super, dass bei dir da gleich Bilder entstehen.

– Oder die Kassler Berge ...?

– Genau. Toll! Ich dachte vielleicht auch als Dünen. Dann könnten wir deinen Busen mit Sand bestreuen ...

– Also du meinst nackt ...?

– Ja ... (räusper) Aber gar nicht vulgär. Einfach wie die pure Natur. Wie die Dörte als Uckermark neulich.

– Weiß nicht ...

– Du, wenn du dich da unwohl fühlst ... der Hajo hat auch schon vorgeschlagen, dass er und die Dörte beim Fotografieren dabei sein könnten, um dich zu unterstützen ...

– Hhmm ...

– Ja, das wäre doch toll! Und mir käme das auch gut zupass, da ich gerade kein Auto habe.

– Verstehe ...

– Und weißt du, was der Dörte beim Shooting sehr geholfen hat ...

– Na ...

– Dass der Hajo und ich auch nackt waren. Der Fairness halber, verstehst du ...

– Verstehe ...

– Das könnten wir für die Dünen natürlich auch so machen. Was meinst du?

– Hmmm, ganz ehrlich, für mich klingt das irgendwie schräg.

– Auch wenn Dörte, Hajo und ich auch nackt sind?

– Besonders dann.

– Und wenn nur du?

– Auch.

– Und wie dann?

– Tut mir leid, gar nicht.

– Aber ich hatte das Gefühl, du konntest das Ganze schon sehen ...

– Eben.

– Schade.

– Geht so ... Und grüß Dörte und Hajo!

Klack.

3

Von A nach B mit Körbchen F

Heute trug ich meinen Ledermantel nur über meine Umhängetasche gelegt. Denn es war der erste Tag des Jahres, an dem es
richtig heiß war. So heiß, dass sich selbst der Wind anfühlte
wie ein warmer Waschlappen im Gesicht, das Gummigeländer
der Rolltreppe hoch zum Bahnsteig an den Fingern kleben blieb
und die ganze Stadt so tat, als wäre Berlin der Ballermann.

Eigentlich genau der Tag, an dem man seinen Busen nicht
unbedingt mit den öffentlichen Verkehrsmitteln transportieren sollte.

Aber ich konnte es ja nicht ändern: Ich war total verknallt
und fest verabredet.

Und hätte ich vorgestern Nacht, als ich nach dem Platten-
auflegen mit einem Typen namens Flo auf romantische Weise
abgestürzt war, geahnt, dass dieses Wochenende das absolute
Langnese-Werbungswetter ausbrechen würde, hätte ich unser
erstes Date garantiert nicht auf heute Nachmittag gelegt. Dann
hätte ich Flo Anfang nächster Woche vorgeschlagen oder Mittwoch, wenn sich die Stadt und die Gemüter ihrer Bewohner wieder auf ledermanteltaugliche Temperaturen abgekühlt hätten.

Bei Flo wollte ich nämlich auf Nummer Sicher gehen. Dieses Mal sollte mein Busen meinem Glück nicht im Weg stehen.

Und Absagen kam ja wohl nicht in Frage! Wie hätte ich es
ihm auch erklären sollen?!

Du, Flo, äh, können wir uns nicht lieber erst Mittwoch treffen ...?
Weil heute ist so gutes Wetter ... Da bleibe ich immer lieber zu

Hause ... Weißt du, heute kann ich in der U-Bahn doch gar nicht meinen Ledermantel anziehen ... Wegen meinen großen Brüsten und dem ganzen Geglotze, verstehst du ...?

Wie paranoid wäre das denn gekommen?!

Dabei ist es nun mal so: Ab einer gewissen Busengröße wird von vielen Leuten das Wort öffentlicher Nahverkehr einfach ein bisschen zu wörtlich genommen. Wer seine F-Körbchen mit der S- oder U-Bahn von A nach B transportieren muss, braucht bei all den Blicken und blöden Reaktionen schon ein ziemlich dickes Fell.

Und weil ich so eins nicht hatte und mir auch einfach keins wachsen wollte, trug ich also immer, wenn ich mit den öffentlichen Verkehrsmitteln unterwegs war, meinen schwarzen Busentarnmantel. Zugeknöpft bis unter die Zähne, als Zuflucht, sogar bei 28 Grad im Schatten.

Wenn die Temperaturen allerdings noch weiter stiegen, auf 30 Grad oder sogar höher wie heute, verlor der Mantel leider seine Wirkung. Denn zwischen sich Luft zufächelnden Flip-Flop-Menschen in Sommerkleidchen, weit aufgeknöpften Hawaii-Hemden und Bermuda-Shorts in Eiscremetönen ist so ein schwarzer, geschlossener Ledermantel einfach mal genauso auffällig wie ein Riesenbusen. Dann kann man ihn auch gleich auslassen.

Besonders, weil man so auch nicht Gefahr läuft, versehentlich vom Sicherheitsdienst wegen akutem Verdacht auf Amoklauf festgehalten zu werden.

Was haben Sie da unter Ihrem Mantel ...?!!!
Machen Sie keine schnellen Bewegungen!!!
Sehen Sie die Kamera da oben ...?!!!

Wir wissen, was Sie vorhaben …!!!

Und wenn sich die vermeintlichen Sprengsätze dann als Atombusen herausstellen, ist das immer peinlich für alle Beteiligten.

Deswegen: Better safe than sorry. Heute trug ich den Ledermantel, wie gesagt, nur über die Umhängetasche gelegt.

Und wenn alles so laufen würde wie ich es mir erhoffte, käme er nicht mal heute Nacht zum Einsatz.

Weil ich dann nämlich nicht wie sonst auf dem Rückweg 40 Minuten am Bahnhof Zoo auf den Nachtbus Richtung Spandau warten müsste. Nicht mit hochgeschlagenem Mantelkragen, Norman-Bates-Blick und gelegentlichem irren Zucken und Murmeln die Psychokiller-Tante mimen würde. Die Rolle, in die ich nachts am Bahnhof Zoo notgedrungen schlüpfte, um nicht alle zwei Minuten von irgendwelchen total verstrahlten Hirnis angequatscht, angeschnaltzt oder angesonstwast zu werden.*

Wenn alles gut liefe, würde ich morgen früh in Flos Bett aufwachen, und mein Ledermantel läge daneben auf dem Boden zwischen leeren Sektflaschen, vollen Kondomen und meinen restlichen Klamotten.

Aber bis Wolke sieben war es noch ein weiter Weg. Und erst mal hieß es jetzt: Mit 75 F 45 Minuten in der U2 und der U1 bei 35 Grad einmal quer durch Berlin.

Also Brüste zusammenkneifen und durch!

---

* Ein Durchschnittswert, den ich durch mehrfach wiederholte Feldstudien in Nächten ohne Ledermantel tatsächlich ermittelt hatte: In 40 Minuten waren es im Schnitt immer über 20 Belästigungen oder sonstige Beklopptheiten.

4

Glotzen hat viele Gesichter

Der Spießhupenlauf beginnt schon auf dem Bahnsteig. Ab dem großen, brustbewegenden Schritt runter von der Rolltreppe und rein ins Spiegelbild-Ich, dem das ganze Geglotze total titte zu sein scheint.

Bis zu den Fahrkartenautomaten sind es nur wenige Meter. Aber bereits die haben es heute in sich:

Einer Rentnerin mit Strohhut rutscht ein spitzes *Huch!* heraus, als ich meine Brüste an ihr vorbeischiebe, und ihr Mann fängt an, so aufgeregt mit seinem Gebiss zu wackeln, dass er es beinah verschluckt.

Zwei Teenager-Mädchen stupsen sich gegenseitig immer wieder in ihre Badetaschen, halten mit knallroten Köpfen die Luft an und stoßen sie hinter meinem Rücken grunzend wieder aus.

Ein Typ mit IKEA-Tasche ist anscheinend der Ansicht, dass ihn seine neuerstandene Yucca-Palme unsichtbar machen würde, und äugt mir ungeniert wie ein geiler Tropenforscher durch ihre Blätter ins Dekolleté.

An der Fahrplan-Info unterbrechen drei junge Männer mit Jeanshosen, die durch ihre Waschungen so aussehen sollen, als hätten sie viel durchgemacht, aber eher verraten, dass ihre Träger von der Polizeischule-Ruhleben kommen, abrupt ihr *Höhöhö*-Gespräch und tun voreinander nun so, als würde sie mein Busen null in Alarmbereitschaft versetzen.

Glotzen hat viele Gesichter, und viele verlieren es dabei.

Ohne nach links oder rechts zu gucken, ziehe ich am Fahrkartenautomaten einen Fahrschein für den Tarifbereich AB.

Leider habe ich heute vergessen, mir für die Fahrt eine Zeitung zu kaufen. Eine große Tageszeitung, hinter der meine Brüste entspannt Strecke machen könnten. Aber jetzt noch mal im busenschwingenden Laufschritt runter zum Kiosk? Durch all die Blicke und wieder zurück noch mal durch die Blicke?!! No way !!!

Ich gehe lieber langsam ganz nach hinten. Dorthin, wo weniger los ist.

Vorbei an einer Frau, deren Raucherhusten schon die ganze Zeit über den Bahnsteig rasselt und der für einen Augenblick durch die bloße Anwesenheit meiner Brüste kuriert wird. Schade, dass sie den Moment der Spontangenesung nicht nutzt, um mal tief durchzuatmen, sondern stattdessen die Arme verschränkt und grummelt: *Wer's im Kopf nicht hat, braucht's halt woanders!* und *Das Geld hätte ich besser angelegt als in Titten!*

Dann vorbei an einem Vater-Sohn-Ausflug, von dem mich die Hälfte mit dem Wassereis anguckt wie ein Auto und die Hälfte ohne Eis wie eine vom Autostrich.

Und schließlich schon wieder vorbei an der Yucca-Palme mit Augen, die mich wohl überholt haben muss, als ich mir die Fahrkarte gezogen habe. Aufgeregtes Blätterrascheln.

Dann kommt der Zug.

Der U-Bahnhof Ruhleben ist eine Endstation. Wer hier ankommt, steigt aus, es sei denn, man ist eingepennt und fährt, ohne es zu wollen, wieder zurück. Das heißt, wenn man in Ruhleben einsteigt, ist der Zug, bis auf die anderen Leute, die mit einsteigen, leer. Aber dafür muss man natürlich erst mal die Ankommenden aussteigen lassen. Und das ist heute eine Horde mit Grill und Bierflaschen bewaffneter Witzbolde, deren Anführer die Pappe eines Sixpacks auf dem Kopf als Krone trägt.

Noch bevor der Zug zum Stehen kommt und sich die Türen automatisch öffnen, hat er meine Brüste entdeckt und gibt es auch lautstark zu erkennen.

UUUUUUUUUUUHHHHHHHHHH!!!!! EY LEUTE, LEUTE, LEUTE, GUCKT, GUCKT!!!! MÖÖÖÖÖPSEEEEE!!!!!

Und dann alle:

UUUUUUUUUUUHHHHHHHHHH!!!!! MÖÖÖÖÖÖÖÖP-SEEEEEE!!!!!

Jetzt öffnen sich die Türen.

Mit einem großem Satz spring der König der Witzbolde auf mich zu, fällt vor mir auf die Knie, breitet seine Tribal-Tattoo-Arme aus, so dass ich tief in seine glattrasierten Achselhöhlen gucken kann, und brüllt: *MÄÄÄDCHEN, DU HAST SO SCHÖNE AUUUUUGEN!!! WILLST DU MICH HEIRAAAAATEN??!!!!*

Seine Kumpels sind begeistert. Sie fallen sich johlend um den Hals und klopfen sich gegenseitig auf die sonnengebräunten Schultern. Ob ich King Witzbold nun heiraten will oder nicht, interessiert allerdings niemanden. Ohne meine Antwort abzuwarten, trollen sie sich samt Grill und Bier zur Rolltreppe. Auf den Gag gibt's bestimmt gleich erst mal 'ne dicke Wurst!

Noch ein bisschen benommen von so viel schlechtem Benehmen, steige ich in den letzten Waggon der U-Bahn, in dem man die Blödheit noch regelrecht riechen kann.

Ich öffne eins der Fenster und setze mich direkt darunter auf die lange blaurot gemusterte Sitzbank.

Die triebige Yucca-Palme nimmt mir direkt gegenüber Platz und der Vater-Sohn-Ausflug ein Stückchen weiter daneben.

Papa, warum haben Männer eigentlich keinen Busen?

Die Türen schließen automatisch.

Abfahrt.

Weil ... ähmm ... weil ... ähmm ... weil ... (glotz) Äh ... Erklär ich dir später, ja ...

Der Yucca-Palmen-Typ kramt aus seiner IKEA-Tasche eine Packung schwedische Haferkekse und verschanzt sich damit wieder auf seinem schlechtgetarnten Busenbeobachtungs-posten. Klar, so eine Forschungsexpedition in die Wunderwelt der zweiäugigen Pullover-Schlange sollte man auch nicht ohne Proviant durchziehen.

Raschel, raschel. Krümel, krümel. Glotz, glotz.

Du, Papa, ich glaub, ich weiß jetzt, warum Männer keinen Busen haben ...

Ding Dong: *Nächste Station Olympia Stadion. Bitte beachten Sie beim Ein- und Aussteigen die Lücke zwischen Zug und Bahn-steigkante!*

Ähh ... Kannst du mir gleich sagen, Lukas, okay ... (glotz) Wir müssen jetzt raus! (glotz)

Am U-Bahnhof Olympia Stadion steigt der Vater-Sohn-Aus-flug aus dem Waggon. Schade! Weder die Yucca-Palme noch ich werden jetzt jemals erfahren, warum Männer keinen Busen haben. Wieder nix gelernt!

Dafür erfahren wir aber, was die Leute über meine Brüste denken, die nun einsteigen.

Ein Mann mit Goldzahn (glotz) findet sie zum Pfeifen. Ein Mann mit Vollbart (glotz) auch. In Neu Westend findet sie ein Mann mit Aktenkoffer (glotz) *Aber hallo!*, am Theodor-Heuss-Platz (glotz) zum Tief-in-sich-rein-Brummen, und am Kaiserdamm (glotz) verabschiedet er sich von ihnen mit einem herzlich geraunten: *Sautitten!*

Die drei Jungs mit den zu lauten Krächzstimmen vom Sophie-Charlotte-Platz (glotz) sind der Meinung: *Die können nicht echt sein!*, und streiten sich bis Bismarckstraße, ob es überhaupt möglich ist, mit solchen Plastikdingern auf dem Bauch zu schlafen, oder ob sie dann platzen.

Na logo geht das nicht! (glotz)

Ey, frag sie doch, Alter! (glotz)

Nee, vergiss es, frag du sie doch selber! (glotz)

Fick dich, nee du! (glotz)

Nee, fick du dich! (glotz)

Deutsche Oper bekommt eine Udo-Walz-blonde Frau mit Handtaschenhündchen und Busenfreund (glotz) einen Lachanfall über mehrere Oktaven.

Und am Ernst-Reuter-Platz streifen Studenten auf Sitzplatzsuche mit ihren Blicken mein Dekolleté (glotz). Upps, natürlich aus Versehen! Denn nichts liegt ihnen ferner, als Frauen zu Objekten zu machen. Mit knallroten Wangen tun sie daraufhin so, als wären meine Brüste Luft, und fixieren politisch korrekt über Zoologischer Garten bis Wittenbergplatz den Gummischlitz des von mir in Ruhleben geöffneten Fensters.

Ihre Kommilitoninnen dagegen haben in dieser Hinsicht weniger Bedenken (glotz). Mit kritisch gekräuselten Stirnen erörtern sie von Nollendorfplatz bis Bülowstraße hinter vorgehaltener Hand mit Freundschaftsbändchen, ob meine Brüste frauenfeindlich sind oder nicht.

Dann endlich Gleisdreieck!

Umsteigen Richtung Warschauer Straße. Die Fahrkarten werden neu gemischt.

Auf der Treppe runter zur U1 überholt mich eine Frau mit Tortenkarton und KaDeWe-Tüten. Ein Blinzeln im Vorübergehen und ein schnelles *Tssss*.

Ein Mann, der mir entgegenkommt, behauptet vor seiner Begleitung, dass man zwischen meinen Brüsten keinen Wecker klingeln hört. Und die Begleitung guckt mir in die Augen, als wolle sie sich für ihren Männergeschmack entschuldigen: Der ist gar nicht so, der will nur spielen! Der ist eigentlich ein ganz Lieber!

Neue Bahn, neues Busenunglück.

Ein paar Stufen weiter höre ich hinter mir dann plötzlich wieder Blätterrascheln.

Der geile Tropenforscher hat seine Expedition fortgesetzt. Na toll. Leider bleibt keine Zeit, ihn und seine Palme abzuschütteln, denn unten steht schon der Zug und droht, mit zischender Hydraulik loszufahren.

Ich springe in die nächste offene Waggontür. Die Palme hinterher.

Abfahrt.

Weil keine Sitzplätze mehr frei sind, bleibe ich an der Tür stehen. Aug' in Aug' mit der Yucca-Palme, der bösen Tortenkartonfrau und einer schwäbischen Klassenreise, der es genau in der Sekunde, in der meine Brüste in den Waggon gesprungen sind, die zuvor bis zur Treppe schallende Mundart verschlagen hat. Anscheinend ist Berlin um einiges größer, als sie dachten.

Alles schweigt in meinen Ausschnitt.

Ding Dong: *Nächste Station Möckernbrücke. Übergang zur U-Bahnlinie 7.*

Hätte, aus welchen absurden Gründen auch immer, ein Wecker zwischen meinen Brüsten gesteckt, wäre nicht nur sein Klingeln, sondern sogar das Ticken zu hören gewesen! Bis Hallesches Tor die totale Glotzstille.

Dann: *So Leut, w' müsset raus, hier isches Technikmuseum!*

Der Klassenlehrer mit dem kack-braunen Bieberach-meets-Berlin-T-Shirt schiebt seine Schulklasse an meinen Brüsten vorbei auf den Bahnsteig. Noch bevor die Türen schließen: hysterisches Gelächter.

Hasch die g'sähe?!! Hasch die g'sähe?!! Was wa däs denn für onne?!!!

U-Bahnhof Prinzenstraße steigen endlich Leute ein, die sich normal benehmen. Der Hit-The-Road-Jack-Mann mit einer weißen Gitarre und seine Partnerin mit der blauen Perücke, die man auf dieser Strecke öfter trifft. Als er mich sieht, fragt er: *Are you allright?*

Anscheinend wirke ich angestrengt.

Bis Kottbusser Tor übernehmen die beiden dann den Showpart und ziehen mit ihrer Ray-Charles-Nummer die Aufmerksamkeit auf sich.

Danke Hit-the-Road-Jack-Mann!

Ich werfe eine Münze ins Tamburin und steige aus.

Vielleicht sollten meine Brüste und ich, wenn wir das nächste Mal U-Bahn fahren, auch einen Hut oder das Körbchen eines

BHs rumgehen lassen. Wenn jeder, der glotzt, pfeift, schmatzt oder einen Kommentar ablässt, nur ein paar Groschen reinschmeißen würde, wäre nach so einer Fahrt von Ruhleben bis zum Kottbusser Tor bestimmt genug Kohle für den Führerschein drin.

Jetzt noch runter auf die Straße.

Durch die entwertenden Blicke der Fahrkartenkontrolleure, durch die Türkenjungs, die mir entgegenrufen: *Fette Titten! Was kostet anfassen?*, und, da ich weitergehe, hinterher: *Ey, das war ein Kompliment! Dafür bedankt man sich, du Nutte!*, durch die Junkies und Pillenverklatscher, denen wegen großen Brüsten keiner mehr abgeht, weil sie einfach härteren Stoff brauchen, und auf der Straße noch an den Gemüsehändlern vorbei, die immer singen, summen, schnalzen, schnipsen, wenn sie Busen sehen, den Dönerständen, Taxen, Teebuden und Wettbüros.

Dann kann ich Heikes Hertha-Eck schon sehen. Die Kneipe, in der ich mit Flo verabredet bin, ist nur noch einmal über die Kreuzung. Da piekst mir plötzlich etwas in den Rücken. Es ist die Yucca-Palme. Mit den Worten *Ich habe dich in der U-Bahn gesehen* drückt sie mir eine Visitenkarte in die Hand und raschelt davon.

Darauf steht:

Holger A. Stoll
Masseur · Quantenheiler · Innenausstatter · Fotograf

*Das größte Problem
am Busen ...
dass er so nah am
Herzen gebaut ist.*

Ringring, ringring.

– Hallo ...?

– Hey Annika, hier ist Tamara von der New Cast On The Block-Agency.

– Äh ... New Cast ...?

– New Cast On The Block-Agency, urban Characters, Leute von heute, Stars von morgen.

– Okay ...

– Süße, ich hab' dich ja schon ewig auf'm Radar, und endlich gibt's jetzt hier zwei richtig coole Formate, in die du aber so was von reinpasst ... Da hab' ich gedacht, Tammy, jetzt oder nie, make a move, das MUSS Annika machen.

– Um was geht's denn?

– Also erst mal habe ich einen Auftritt für dich zur besten Daily-Talk-Primetime bei Bärbel Schäfer. 150 Mark, Reise nach Köln, Übernachtung, und das Thema der Sendung ist totaaal witzig: Männer haben Angst vor mir.

– Männer haben Angst vor mir?

– Hellooo?! Schon mal in den Spiegel geguckt, Sweetie? Das ist DEIN Thema. Da könnten wir richtig drauf aufbauen. Mit deinen Mega-Tittis schick ich dich durch alle Formate.

– Hmmm ... Und was ist der andere Job?

– Der, Süße, ist der absolute Knaller: Wat is?

– Ja, was ist es denn?

– Na, Wat is?!

– Wie jetzt?

– Wat is?! Die Sendung mit Jürgen von der Lippe. Mit Günni, dem Kameramann ...

– Ah, alles klar. Das ist doch die Sendung, wo er immer nicht weiß, wer der Gast ist.

– Genau. Wat is? 150 Mark, Reise und Übernachtung on Top, und du hast da ganze zwanzig Minuten, um deine Mega-Tittis in die Kamera zu halten.

– Ist das Thema da auch »Männer haben Angst vor mir« ...?

– Süße, das Thema bist DU. Was du dem von der Lippe erzählst, ist ja wohl so was von egal.

– Ich weiß nicht ...

– Deine Brüste haben ein Recht auf Ruhm! Aber Schnucki, du musst dich schon an die Spielregeln halten: Zeig' dich oft, zeig' dich viel und vor allem zeig' viel. Und wenn jemand was zu zeigen hat, dann ja wohl du!

– Aber ich kann doch nicht ins Fernsehen gehen, nur weil ich große Brüste habe ...

– Hellooo?! Hauptsache Aufmerksamkeit!

– Nee, also ... Das klingt irgendwie flach.

– Glaub' mir, Mäuschen, das nich' zu machen, wär' der Fehler deines Lebens!

– Werden wir ja sehen ...

– Alles klar, bis dann halt nicht.

Klack.

5

HopHopHop-HopHop

Mit jedem meiner Schritte ruckelten sie sich tiefer in meinen Brustkorb. Ein Schmerz, als hätte sich eine glühend heiße Würstchenzange in meinen Rippen verklemmt. Seitenstiche! Schnell, ich brauchte mehr Luft! Autsch, oder lieber weniger?

Bis zum nächsten Baum würde ich es noch schaffen. Bis zu dem, mit den knubbeligen Beulen am Stamm. Und vom Knubbelbaum aus dann noch ein bisschen weiter. Los, noch an der Parkbank vorbei, am Taschentuchgebüsch, bis zum Papierkorb, auf dessen Rand der komische, silberne Vogel sitzt. Und würde der dann wegfliegen, aufgeschreckt von meinen Turnschuhschritten auf den Parkwegkieseln mit seinen Flügeln flattern, flöge ich einfach mit.

Vielleicht nach Frankreich, einmal um den Eiffelturm, zum Südpol zu den Pinguinen und noch weiter, bis ins unendliche Weltall, in dem immer noch zahlreiche Geheimnisse verborgen sind, von denen bis heute niemand etwas ahnt. Captain Annika Future und ihr Team, der komische, silberne Vogel, waren unterwegs!

Super Annika! Hophophophophop!, rief mir Frau Hänsel aus ihrem ausgedachten Ziel entgegen, dem großen, quadratischen Schild mit dem Parkplan. *Endspuuurt! Du wirst das erste Mädcheeen!*

Aber das interessierte mich nicht.

Ich war neun Jahre alt, befand mich auf einer abenteuerlichen Expedition in die unendlichen Weiten der eigenen Möglichkeiten und wollte gar nicht die Erste sein.

Dass ich durchs Ziel rannte, war mir so was von egal, genauso wie, dass die anderen Mädchen und Jungs, außer Tino, etwas langsamer waren. Sicher, ich war gut im Langstreckenlaufen einmal um den Südparksee, aber gekickt hat mich das nicht.

Mir ging es nicht um die Ziffern auf der Stoppuhr, mit der Frau Hänsel, meine Sportlehrerin, vor meinem Gesicht herumfuchtelte, nicht um Erlösung durch das lächerlich schrille Geräusch ihrer blöden Trillerpfeife und auch nicht um das High five mit Tino, der Sportskanone unserer Klasse, der mit flamingo-pinkem Stolzgesicht und hochgerissenen Armen hinter dem Parkplatzschild tonlos seinen Jubel in den Himmel schrie.

So was machen Erste. Denen geht es immer um die Wurst. Mir aber ging es um die Würstchenzange.

Keuchend setzte ich mich auf einen der wegbegrenzenden Holzbalken und hielt mir den Brustkorb.

Viele Leute sagen ja, es wäre ein schönes Gefühl, wenn der Schmerz nachlässt. Wenn die Migräne in dieses weiche, goldene Heiligenscheinsausen übergeht, der an der Türschwelle geprellte Zeh aufhört, zu pochen oder, wie bei mir in diesem Moment, die Seitenstiche in viele kleine, kribblige Piekser zerfallen, angenehm, als würde mein Oberkörper in Ahoj-Brause baden.

Und es stimmt, das ist auch schön. Aber noch schöner kann es sein, wenn man merkt, dass man den Schmerz aushält, dass nicht jeder Schmerz immer gleich etwas ist, was einen in die Knie zwingen muss, nicht jeder Stich das Ende bedeutet.

Dann läuft man nämlich einfach weiter. Nicht über irgendeine Zielgerade, sondern über die eigene Grenze. Und wo die ist, entscheidet man selbst und immer wieder neu, ganz nach seinem eigenen Tempo.

Ich war neun Jahre alt, hatte lange, schnelle Beine, aber noch nichts, was man Busen nennen konnte, und war fest davon überzeugt, dass mich keine Würstchenzange der Welt stoppen könnte und sich im Leben sowieso alles sportlich nehmen ließe.

Doch dann kamen die Brüste. Skandalös wie ein Sprint von Ben Johnson und unhaltbar wie Rudi-Völler-Bälle. Ein mieses Foul des Schicksals! Meinem Sportsgeist gegenüber jedenfalls alles andere als fair, denn was das Laufen anging, lief auf einmal alles anders: Ich versuchte, meinen Brüsten davonzulaufen, aber sie waren schneller. Während ich mich mit neun noch fit genug fühlte, ganze Galaxien zu durchjoggen, war mit elf schon alles anders.

6

Brennbälle

Ähäää, guckt mal, Annika hat einen BH!
Findest du das nicht ein bisschen früh mit elf?!
Peinlich! Also, wenn ich so was anhätte, würde meine Mutter total
ausflippen.

Ich saß auf der Holzbank der Mädchenumkleide, hatte gerade
meinen Pulli ausgezogen und kramte im Turnbeutel nach dem
blauen T-Shirt, das ich immer im Sportunterricht trug. Meine
Taktik, einfach so tun, als wäre nix, war für den Arsch: Vor
mir hatte sich eine Traube Mitschülerinnen in Unterhemd-
chen gebildet, die nun aufgebracht meine im neuen Sport-BH
verpackten Brüste belagerte.

Darfst du den anziehen?!
Weiß Frau Hänsel, dass du den anhast?
Hast du dir den ausgepolstert?
Lässt du den bei Sport etwa an?
Peinlich! Also ich find' BHs voll ekelig ey!
Findest du den schön?
Wo hast du den gekauft?
Was hat der gekostet?
Voll dumm! Also ich hätte mir dafür lieber was Schönes gekauft!
Hast du den auch beim Schlafen an?
Hattest du schon mal deine Tage?
Wissen die Jungs, dass du einen BH anhast?

Meine Freundin Tinka baute sich schützend vor mir auf, stemmte die Hände in ihre Neon-Radlerhosenhüften und versuchte, den Möpse-Mob von mir abzubringen: *Ich weiß überhaupt nicht, was ihr alle habt ey?! Steffi hat doch auch schon einen BH. Guckt ...!!!*

Alle guckten nun rüber zu Steffi. Die hockte wie immer alleine in der hintersten Ecke des Raums und machte in Schneckengeschwindigkeit irgendwas, was keinen interessierte. Und tatsächlich: Steffi hatte dabei auch einen BH an! Aber einen, der sich durch seine Leberwurstfarbe so perfekt in ihren Michelinmännchenkörper fügte, dass er, wie Steffi selbst, für uns nicht wirklich da war und deswegen auch nicht interessierte.

Steffi blickte auf, hauchte ein stummes *Hallo ...* in unsere Richtung und machte dann langsam weiter mit irgendwelchem Schneckenkram.

Es war echt fies, aber ihr BH und sie zählten nicht. Manchmal wünschte ich ihr ein Häuschen auf den Rücken, weil sie mir leid tat.

Einmal allerdings hatte sogar Steffi ihre 15 Minutes of Fame gehabt. Das war auf der Klassenfahrt in der Dritten ins Schullandheim Amalienhof. Vor ihrem Doppelstockbett, ganz hinten in der Ecke, in dem sie unten schlief, aber niemand oben, standen alle Mädchen Schlange.

Steffi lag breitbeinig auf der karierten Bettdecke und hob, für jede, die an der Reihe war, mit einer Hand ihr Nachthemd hoch. Mit der anderen zeigte sie stolz auf eine Stelle kurz über ihrer Michelinmännchenmuschi, wo sich ein einzelnes, durchsichtig-braunes, dünnes, aber langes Schamhaar kringelte.

Uuuiiiiiiiiii!

...

...

Oooohhhhh!

...

...

Eiiijeiiijeiii!

Schamige Sprachlosigkeit. Scheidenstille.

Wir waren beeindruckt. Manche von uns stellten sich sogar zwei- oder dreimal an, um dem Haar zu huldigen. Die eigene buschige Heimsuchung, dessen gelockter Vorbote da vor unseren Kinderaugen aus Steffis Mitte wuchs, schien ja noch Hunderte von Sommerferien entfernt und Steffis Schamhaar deshalb wie ein Wunder, eine Mutprobe, ein abstraktes Abenteuer.

Und die Jungs, klatsch klatsch, die bekamen von der Schamhaaraudienz nix mit. Sie schlugen lieber draußen an der Luft mit Stöckern auf einen Ameisenhaufen.

Rrrrrrrrrrrrrrrrrrrrrrrrrrrrrrrrrr!!!

ANNIKA HAT EINEN BH!!!

ANNIKA HAT EINEN BH!!!

Das Klingeln zur Sportstunde wurde übertönt durch intergeschlechtliche Informationsweiterleitung. Die BH-News erreichte die Jungs bei der Ballausgabe, traf aber auf schulterzuckendes Desinteresse.

Weil, völlig latte, ob mit elf, 31 oder 51, für die meisten Boys wird 1 Ball immer interessanter sein als 2 Bälle.

Und das ist auch gut so.

So ermöglichten mir später zum Beispiel Public Viewings in Biergärten und Sportbars mit Großbildschirmen das unbegaffte Ausziehen meines Busentarnmantels und das Daten von süßen, sensiblen Männern, die mich in ballsportfreien Zonen wegen all den Offensiv-Glotzern sonst gleich ins Aus geschossen hätten. Die Möglichkeit, meine Riesenbrüste durch eine Menschenmenge zu dribbeln, ohne Glotz-La-Ola und Anstarr-Abseits sollte für mich Freiheit pur bedeuten. Der totale Kick. Ein Flash, den sonst nur diese Stadionflitzer-Freaks kennen, bloß bei mir halt andersrum ...

Abpfiff.

Nach einer Doppelstunde Brennball war unter den Bündchen und Nähten meines Sport-BHs alles rot gescheuert. Meine Haut musste sich an das BH-Bondage erst mal gewöhnen.

Es dauerte die ganze große Pause, mich in der Klokabine der Mädchenumkleide, die Tinka für mich mit vollem Körpereinsatz absperrte, aus dem einschneidenden Trägergewirr zu befreien.

Wir kamen dann sogar zu spät zu Musik bei Herrn Kindel. Ein Auftakt, weil es nicht das letzte Mal sein sollte, dass ich wegen meiner Brüste zu spät kam.

7

Balljefühle

Warum treffen wir uns eigentlich hier?, fragte Flo, der schon mit einem Bier am Tresen saß und dabei wieder diesen Blick hatte, als wäre irgendwo ganz tief in ihm das Bernsteinzimmer versteckt. Der Blick, wegen dem ich ihn unbedingt hatte wiedersehen müssen, und der jetzt irritiert den Eiche-rustikal-vertäfelten Raum und sein blauweißes Inventar nach einer Erklärung absuchte: *Bist du etwa Fußball-Fan?!*

Sicher: Es hätte viel romantischere Orte für unser erstes Date gegeben als Heikes Hertha-Eck. Zum Beispiel ein Restaurant mit Kerzenlicht, einen Rummelplatz mit Riesenrad, den Zoo mit Tierefüttern, den Park mit Picknickdecke und Sangria, aber ich wollte bei Flo nicht gleich mit dem Busen ins Haus fallen.

BAAAAAMMMMM!

Flo zuckte zusammen.

Ein Mann mit blauweißem Bierbauch (ca. sechster Monat) hatte seine flache Hand aufs andere Ende des Tresens gezimmert.

Auuuuuuuhhhauhauuuu, dit Ding muss doch drin sein!!!, grölte er. Und die Barkeeperin mit dem nikotinfarbenen Minipli meckerte:

Mannometer, echt wa! Wie blind kann man eigentlich sein?!

Der arme Flo! Dabei wollte ich ihn doch nur schonen! Ihm nicht gleich all das Busengeglotze vor den Latz knallen, bevor er mit meinen Brüsten überhaupt unter vier Augen Bekanntschaft machen konnte. Flo war sensibel. Und genau das mochte ich so an ihm.

Aber deswegen erschien es mir auch nicht richtig, Flo genau in diesem Moment zu erklären, dass ich erste Dates mit sensiblen Typen wie ihm gerne in Fußball-Kneipen legte, weil dort alle wie paralysiert mit ihren Augen am Ball im Fernsehbildschirm hängen und nicht wie sonst überall an den zwei Bällen in meinem Dekolleté. Es wäre nicht besonders gut gekommen, ihm zu erörtern, dass eine Konfrontation mit dem Ausmaß meiner Brüste bei Tageslicht für Männer, die, wie er, nicht gerade ausgewiesene Busenfetischisten sind, erfahrungsgemäß schon Herausforderung genug ist. Und eine zusätzliche Konfrontation mit dem Ausmaß all der Beklopptheiten, die meine Brüste in öffentlichen Räumen bei Menschen auslösen konnten, bei unserem ersten Date einfach zu viel gewesen wäre. Bei einem Typen wie Flo war Defensivtaktik angesagt. Zu oft war es mir schon passiert, dass Hoffentlich-Beziehungen angesichts der Tragweite meiner Oberweite das Weite gesucht hatten.

Einen Flo musste ich mir ganz langsam zur Brust nehmen. Und das bedeutete auch, ehrlich zu ihm zu sein. Aber eben ironisch ehrlich, wie es sich Ende der Neunziger gehörte: *Klar, ich steh' total auf Fußball! Fußball ist mein Leben! Ha! Ho! He!, Hertha BSC! Du etwa nicht?*

Er lachte.

Aber nicht zu viel natürlich.

BAAAAAMMMMM!

Zucken.

Duuuuuuuu Idioooot!!! Den hätte sogar meene olle Mutter mit ihrem Krückstock rinjemacht!!!, grölte der blauweiße Bierbauch. Und die nikotinfarbene Miniplifrau hinter der Bar pflichtete ihm meckernd bei:

Jenau, wa! Da fragt man sich echt: Wie blind kann man sein?!

Flo kam aus einem verträumten Dorf mit frischer Luft, irgendwo zwischen Hamburg und Ost-Holstein. Er hatte in Berlin sein Kommunikationsdesign-Studium abgebrochen, weil er, wie er sagte, Kommunikation vor 14 Uhr für blinden Aktionismus hielt, wollte nun Kameramann werden und arbeitete jeden Donnerstag hinter der Bar des verpeilten Keller-Clubs mit dem Fußboden, der immer so klebrig war, dass man gar nicht nach Hause gehen konnte, selbst wenn man es versucht hätte, in dem ich manchmal auflegte.

Und, was ich auch toll fand an Flo: Obwohl er so sensibel war, war er zu jedem Quatsch bereit, besonders zu dem natürlich, der so tat, als wäre er der volle Ernst.

Verstehe, hier hängst du also jeden Samstagnachmittag rum, sagte er, während er mit viel Effet seine süßen Grübchen in meinen Strafraum flankte und seinen Bernstein-Blick rüber zur Miniplifrau und dem blauweißen Bierbauch-Mann spielte.

Schön, dass ich heute auch gleich deine ganze Familie kennenlerne.

Der Bierbauch und weitere blauweiße Männer saßen mit knallroten Köpfen am anderen Ende des Tresens in einer blauweißen Zigarettenqualmwolke, starrten auf den Fernsehbildschirm, der umrahmt von blauweißen Wimpeln, blauweißen Fähnchen und einem Plakat mit dem blauweißen Schriftzug »Das Runde muss ins Eckige« an der Wand über der Klotür befestigt war, und bereiteten sich mit geballten Fäusten auf eine Ecke vor.

Ecke-Tor-fertig-machen-zum-Jubeln!, rief der Bierbauch.

Und …

Und …

Und …

BAAAAAAAAAMMMMM! Bierbauch-Faust auf Tresen.

Zucken.

Neeeeeiiiiiiiinnnnnn!!!!! Solche Vollpfosten!!!!

Dit Rumjegurke is echt nich zu fassen, wa! Wie blind kann man sein?!, meckerte die Frau und schüttelte dabei wie wild ihren Minipli.

Das lief doch schon mal super! Mein Plan schien aufzugehen: Flo und ich verstanden uns, für Unterhaltung war gesorgt, und keiner in dem Raum schien sich für meinen Busen auch nur ausschnittsweise zu interessieren. Nicht einmal Flo, obwohl er ihn bisher ja nur im Schwurbel des verpeilten Keller-Clubs unter Einfluss eigenkreierter Alkoholmischungen mit extrabeknackten Antinamen wie Beach on the Sex, Pina Koala oder Gin Tronic gesehen hatte. Vielleicht war das hier ja alles richtig. Vielleicht war Flo endlich der Mann, der in der Lage war, das zu sehen, was hinter meinem Busen lag. Vielleicht hatte er, weil er vom Land kam, ein selbstverständlicheres Verhältnis zur Natur und ihren komischen Launen als all die Typen vor ihm. Vielleicht spürte er auch, dass ich die Frau war, die in ihm das Bernsteinzimmer aufgespürt hatte. Wir schwebten in einem blauweißen Abseits ohne Busenbedeutung, und vielleicht, vielleicht verliebten wir uns gerade.

Die Erst-mal-sitzen-bleib-Phase schien jedenfalls überstanden. Ich fühlte mich sicher. Sicher genug, um aufzustehen, meinen Busen einmal quer durch den Raum zu dribbeln, um aufs Klo zu gehen.

Ich geh' mal kurz für kleine Herthas, sagte ich zu Flo, *bis gleich!*

Die Wahl der Location für ein erstes Date taktisch anzugehen, ist im Grunde ja gar nicht ungewöhnlich. Das hat doch jeder schon mal gemacht. Man verabredet sich nicht dort, wo der Ex immer rumhängt, nicht da, wo das Licht direkt von oben kommt und man wegen langen Gesichtsschatten aussieht wie Boris Karloff als die Mumie, Pollenallergiker vermeiden Wiesen und Felder, Leute, die sich ungern zum Nappel machen, Karaokebars, Leute, die meinen, dass sie nur im Nappelmodus ihren Charme entfalten können, gehen nicht ins Anti-Kriegs-Museum, und eingefleischte Vegetarier datet man nicht im Steakhouse.

Stattdessen sucht man sich Orte aus, an denen man möglichst vorteilhaft rüberkommt und wo möglichst wenig schieflaufen kann. Mein zwei Meter zwölf großer Nachbar zum Beispiel erzählte mal bei einer Hofparty, dass er sich mit Frauen unter 1,70 m erst mal immer nur an Orten mit ganz vielen Tischen verabredet. Er sorgt dafür, dass er auf jeden Fall vor der Frau da ist, um sie möglichst sitzend zu begrüßen, und versucht dann, den ganzen Abend über einfach nicht mehr aufzustehen. Egal, was passiert. Egal, wie sehr er eigentlich mal aufstehen müsste. Und damit das nicht so dringend wird, er nicht auf seinem Stuhl hin und her zu hibbeln beginnt und sich am Ende doch noch vor den erschrockenen Augen der Angebeteten erheben muss wie Godzilla aus der Tiefe des Meeres, um sich danach erniedrigend durch eine WC-Tür zu bücken, trinkt er bei einem ersten Date nie Bier, sondern Wein, obwohl er eigentlich sonst nur Bier trinkt.

Ich wusch mir die Hände mit blauweißer Seife. Mein flüchtiger Blick in den Spiegel bestätigte: Ich war bereit für Manndeckung. Heikes Hertha-Eck war eine gute Wahl gewesen. Von mir aus konnte geknutscht werden.

Wie von bernsteinfarbenen Schmetterlingen getragen schwebte ich aus dem WC-Raum zurück Richtung Flo. Doch als ich die Klotür passierte, passierte etwas, womit ich nicht gerechnet hatte:

Halbzeit!

Der Fernseher war auf lautlos geschaltet, der Zigarettenqualm weggelüftet, und alle Blicke der blauweißen Tresenmenschen, die gerade noch auf den Ball geguckt hatten, fielen nun von der stummen Müllermilch-Werbung auf dem Bildschirm runter in meinen Ausschnitt.

Tor!

BAAAAAAAAAMMMMM! Bierbauchhand auf Tresen.

Ich zuckte zusammen.

Auuuuuuhhhauhauuuu, dit nenn' ick mal 'nen Doppelpass!, grölte der Bierbauch. *Zwei zu null für dit junge Fräulein mit der tollen Anbiete!*

Blauweißes Johlen.

Sagt ma, jeht's noch, Hotte, meckerte die Miniplifrau, aber konnte sich dabei das Lachen auch nicht wirklich verkneifen. *In meiner Kneipe tollerier ick so'n Schweinkram nich! Weeste doch!*

Dit is' doch keen Schweinkram, Heike!, wehrte sich der Bier-

bauch. *Ich bin doch einfach nur janz aus'm Häuschen! Komm'*
jerne her, Mädchen! Mein rechter, rechter Platz is' leer, ick wünsch'
mir deine Bälle her.

Wieder blauweißes Johlen.

Hotte! Dit is' ja wohl jetzt echt nich' zu fassen!, meckerte die
Miniplifrau, nun ohne dabei zu lachen. *Dit Fräulein mit dem*
Busen sitzt dahinten mit ihrem Freund schon seit Anpfiff! Wie blind
kann man eigentlich sein!

Sie zeigte mit ihrem Thekenlappen auf Flo. Alle guckten
nun zu ihm rüber und er mit verstört-versteinertem Bernstein-
blick zurück.

Genau diese Situation wollte ich ihm ersparen.

Ich wusste, dass Flo jetzt nicht wusste, wie er sich verhalten sollte. Dass er sich fragte, ob ich mir vielleicht irgendein
bestimmtes Verhalten von ihm wünschte. Vielleicht, dass er
mich verteidigte oder das eben gerade nicht. Vielleicht, dass
er die Situation durch einen kessen Spruch entschärfte, sie
durch einen gezielten Wurf des Aschenbechers an den roten
Kopf des blauweißen Blödbauchs brutal beendete oder ob ich
als moderne Frau das alles lieber selber regeln wollte. Aber,
wie sollte er es auch wissen. Mir war es ja selber nicht mal
klar.

Was ich aber sicher wusste, war, dass Flo sich wünschte,
jetzt nicht hier zu sein. Und wenn bei einem ersten Date solch
ein Wunsch aufkommt, ist das alles andere als vorteilhaft!

Flo machte jedenfalls erst mal nichts, außer dass er sich
kopffarblich an die blauweißen Thekenmenschen anpasste.
Ich tat es ihm gleich, setzte dabei aber noch ein ironisches
Schutzgrinsen auf und dribbelte meine enttarnten Brüste

durch die Blicke, einmal quer durch den Raum, bis zurück ans Ende der Bar, wo eben alles noch so schön gewesen war.

BAAAAAAAAAMMMMM! Bierbauchhand auf Tresen.

Flo und ich zuckten extra nicht.

Mensch Junge, da haste dir aber janz schön wat vorjenommen!, grölte der blauweiße Bierbauch zu uns rüber. *Wenn du Hilfe brauchst, sagste Bescheid ... Ick hab och 'n janz jutet Balljefühl, wa!*

Blauweißes Jubeln.

Heike, gib' dem Glückspilz mal 'nen kleenen Feigling von mir aus! Der Junge spielt uff jeden Fall inna ersten Liga, wa ...! Dit hat der uns voraus!

Blauweißes Lachen.

Die Miniplifrau stellte einen kleinen Flachmann mit lila Mützchendeckel und erschrockenen Augen auf dem Etikett vor Flo auf den Tresen und meckerte leise beschwichtigend: *Dit meint der nich so, der Hotte! Einfach ignorieren ... Och, wenn man sich da echt fragt: Wie blöd kann man eigentlich sein, wa?*

Dann nahm sie eine Fernbedienung aus dem Eiche-rustikal-Regal hinter sich, richtete sie in Richtung Bildschirm, auf dem gerade die zweite Halbzeit angepfiffen wurde, und schaltete auf laut.

Busenabseits. Meine Brüste waren nicht mehr im Spiel. Nur Flo starrte jetzt wie paralysiert aus seinem Bernsteinzimmer heraus auf meinen Ausschnitt: *Passiert dir das öfter?*

Und, weil ich ihn nicht anlügen wollte, war ich ehrlich, ironisch ehrlich, wie es sich in den Neunzigern gehörte:

Ach Quatsch, wie kommst du denn darauf ...?! So was ist mir noch nie passiert! Das war das allererste Mal in meinem ganzen Leben ...

Wir lachten, aber nicht zu viel.

Da war was zwischen uns. Unser erster Kuss schmeckte nach kleinem Feigling. So schnell konnten meine Brüste uns nicht auseinanderbringen.

8

Busenkummer lohnt sich nicht, my Darling

Diesen Kack-BH zieh' ich nicht mehr an, Mama!

Ich stand oben ohne vor der orange gekachelten Mini-Dusche unserer Mini-Wohnung.

Der ist nuuur scheiße! Einfach nuuuuur scheiße!

Mit einem Handtuch tupfte mir meine Mutter vorsichtig die aufgescheuerten Brennballstellen trocken.

Der is' nicht schlimm, Anni. Der is' bloß ungewohnt. Dein Körper wundert sich jetzt eben ein bisschen. Der kennt ja noch gar keinen Büstenhalter mit Trägern und allem Drum und Dran. Wollen wir Penaten-Creme draufschmieren?

Ich nickte.

Und außerdem bin ich die Einzige in der Klasse, die so'n Kack-Ding tragen muss!

Schmier, schmier.

Wieso, Steffi hat doch auch schon einen ...

Mamaaa ...! Steffiiiii ...!

Sie drehte mich um und cremte das rote X, das das hässliche, stabilnahtige Ringerrückenteil des Sport-BHs dort hinterlassen hatte.

Doooch, das hat mir Steffis Mutter erzählt, als ich sie neulich in der Drogerie getroffen habe. Und stell' dir vor: Sie hat sogar schon Monatsbinden für Steffi mit eingekauft.

Scheidenstille.

Frag Steffi doch mal. Vielleicht könnt ihr euch über eure Büsten-halter ja austauschen.

Schmier, schmier.

Die Vorstellung, mit Steffi in irgendeiner hintersten Ecke irgendeines hintersten Raums über unsere BHs zu quat-schen, auf Schneckensprache gefühlsverbindliche Büstenhal-ter-Bande zu knüpfen, vielleicht sogar aus unserer Not heraus Busenfreundinnen zu werden, machte mich völlig fertig. Was sich Eltern manchmal so ausmalen! Was für ein realitätsfer-nes, handlungsoptionsverklärendes, beknacktes Verhalten sie ihren Kindern aufzeigen! Frag das fremde Kind mit der raus-gestreckten Zunge doch mal, ob es mit dir spielen möchte. Sag dem Busfahrer, er soll dir durch sein Mikrofon Bescheid sagen, wann du aussteigen musst. Hier, wirf dem betrunke-nen Geigenspieler einen Groschen in den Hut, auf dem der aufgekratzte Affe faucht. Lauf schnell rüber, man kann sich mit dem Clown fotografieren lassen!

Busentalk mit Steffi? *Ja wohl voll peinlich, Mama!*

Meine Mutter legte die Penaten-Cremedose zurück auf den Penaten-Cremedosenplatz, direkt neben den Ohrenstäbchen, in das Mini-Allibertschränkchen unseres Mini-Badezimmers.

Dann schloss sie das Spiegelschranktürchen und betrach-tete sich selbst darin.

Sie war keine voll peinliche Mama, die die Beknacktheit der Realität vercheckte. Ihr war schon klar, dass das Pflegen meiner Kindheit und das Salben meiner unbedingten Unbe-schwertheit nun langsam zu Ende sein und einer Hellhörigkeit für Busenbelange und einer gewissen Weitergabe ihres Wissens weichen müsse. Sie wünschte sich, dass ihre Tochter auf das Vorbauhaben vorbereitet sein würde, besser als sie es einmal war. Dass ihre Tochter ein festes Fundament hätte, das allen Busenfrechheiten und sonstigem Nervkram oberhalb der Gürtellinie standhalten würde. Damit sie nichts und niemand an den wachsenden Brüsten runterziehen könne.

Ein altes, latittisches Sprichwort sagt:

> Si vis pacem brustum, para titti bellum! –
> Wenn du Frieden mit deinen Brüsten willst,
> dann bereite dich auf den Tittenkrieg vor!

Meine Mutter hatte lernen müssen, dass man sich der Scham am besten mit Schnauze oder gezuckter Schulter entgegenstellt. Dass es sich nicht lohnt, bei Angriffen und Bloßstellungen einfach den Busen zusammenzukneifen. Und in diesem Moment vor dem Mini-Allibertschränkchen unseres Mini-Badezimmers wusste sie, dass es nun an der Zeit war, dass ich es wusste.

Denn manchmal litt Heidegund, die Bäckerstochter, noch heute unter dem, was sich da einst zugetragen hatte. Als ihre Brötchen aufgingen und sie geglaubt hatte, diese Entwicklung erst einmal nur mit sich allein ausmachen zu können. Kein Aug' sollte es sehen, und darauf angesprochen werden wollte sie beileibe schon gar nicht.

Großes ging vor sich. Immens Großes. Jedoch an jenem niederschmetternden Weihnachtstag war Heidegund noch

weit entfernt von einer der Welt entgegengestreckten
Brust.

Natürlich hatte sie in der Woche zuvor im Nähzimmer
ihrer Mutti einen Kleidausschnitt wie den ihrer drei Jahre
älteren Schwester Gotelind gefordert. Sie war betrübt
gewesen über den eigenen, hochgeschlossenen Bubikragen, der
eher dem eines Pfarrers glich. Ja, sie war aufgebracht die Tür
hinausgestürmt, nachdem ihre Mutti ihr das gewünschte
Dekolleté verwehrt hatte, sie als noch zu klein dafür
bezeichnete und gar behauptete, sie habe eine knabenhafte
Figur. Zum Frausein war Heidegund vielleicht noch nicht
bereit, aber ein Knabe sein?! So einer wie ihr großer Bruder
Trutzhardt?! Trutzhardt, der sie dann, als sie wutentbrannt
an der Backstube vorbeibrauste, auch noch aufzog, indem er
ihr hinterhersang: Kein Arsch und kein Tittchen, sieht aus
wie Schneewittchen. – Pah!

Nur weil sie auf ihren wachsenden Busen nicht angesprochen werden wollte, ließ sie ihn sich noch lange nicht
absprechen!

Dann kam der Tag, und alle machten festliche Miene. Auf
der Kaffeetafel von Tante Lenchen und Onkel Richard, in der
Kaminerstraße an der Jungfernheide, glitzerte der Christ-
stollen, und Kerzenflackern tauchte die fürchterlich dunkle
Wohnung mit den schweren Schnitzmöbeln und dem Wand-
geweih eines Tiers, mit großen, dicken Hörnern mit schwarzen
Spitzen, in bemühte Feierlichkeit.

Auf jeden Platz hatten Tante Lenchen und Onkel Richard
ein Geschenk gelegt, in Papier mit Rauscheengeln drauf
gewickelt, mit Schleifen verziert. Reihum wanderte die

Sahneschale aus Kristall, und es wurde ausgepackt. Vati bekam eine Flasche Wermut, Mutti bekam ein Set Nähgarn und einen Fingerhut, Trutzi ein Buch über Aquarienfische, für Goti gab es Ohrclips und für Heidi ... – kein noch so großes Wort, ihre Verblüffung zu beschreiben. Denn, nachdem sie die Schleife gelöst und das scheinheilige Engelpapier entfaltet hatte, ohne es dabei zu sehr zu zerknittern, hielt sie in ihren Händen einen Büstenhalter! Lachsfarben, stumpf und glänzend im Wechsel eines gar nicht liebgemeinten Blumenmusters. Böse Bescherung!

Heidegunds Hoffnung, dass vielleicht niemand gemerkt hatte, mit was für einer Ungeheuerlichkeit sie da beunglückt worden war, oder dass man die Situation samt des Büstenhalters unter den Tisch fallen ließe, erlosch unter hysterischen Zieh-mal-an-zieh-mal-an-Rufen.

Zieh mal an, zieh mal an! Du sagst doch immer, du seist schon so groß wie Goti ... Dann trag' mal, dann trag' mal!

Und so musste sie den BH überziehen. Über ihr Kleid mit dem Bubikragen, über ihre Zuversicht, dass die Entscheidung, wann sie dem Rest der Welt ihren Busen zeigen würde, bei ihr läge, unter den Augen aller.

So saß sie dann an der Kaffeetafel, bis das letzte Stückchen Stollen in irgendeinen sich vor Kichern gar nicht mehr einkriegenden Mund verschwunden war, während ihre Mutti am anderen Ende des Tisches wohl schon ermessen konnte, wie es ihrer Tochter in dem lachsfarbenen BH und mit dem hummerroten Kopf zu Unmute war, ihr aber angesichts der noch ausstehenden Erbschaft von Tante Lenchens und Onkel Richards Mietshäusern in der Beusselstraße nicht beistand.

Mama, wo ist die Beusselstraße?
In Moabit. Da, wo meine Frauenärztin ist.

Die Häuser erbten dann allerdings irgendwelche anderen Verwandten, die kurz nach Tante Lenchens Tod plötzlich wie aus dem Nichts auftauchten, dafür am Kaffeetisch aber keine Kack-BHs über Bubikragenkleider anziehen mussten.

9

An die Wäsche

Wir erzählen unseren Kindern Geschichten. Aus der eigenen Kindheit oder Jugend, aus dem Krieg, den Siebzigern, von vor der Sintflut, aus vergilbten Zeiten, in denen sich alles verwackelt bewegte und man mit stibitzten Briketts in der Cordmütze auf die fahrende Tram aufsprang oder Bowie-Knibbelbilder aus Brause-Drehverschlüssen pulte, in denen man Telefonnummern auswendig wusste, den ganzen Tag auf Bäume geklettert ist und Tauchkriegezeck im See gespielt hat, sich zu Weihnachten nichts außer einer Leberwurst wünschte, immer aß, was auf den Teller kam, sich nie langweilte, es Bananen noch gar nicht gab und Physalis eine Krankheit war, vom Auf-die-Straße-Gehen und vom Zeppelin, von Lehrern mit Rohrstock, Hausaufgaben ohne Google, Verabredungen ohne Handy, von Faxgeräten, Mixtapes und vom Flötenschlumpf.

Wir erzählen ihnen, dass wir früher viel zu schüchtern waren, zu hibbelig, zu faul, zu laut, zu leise, uns viel zu wenig konzentriert haben oder viel zu viel auf die falschen Dinge, uns zu verrückt haben machen lassen oder arme Andere in den Wahnsinn trieben, uns bis auf die Knochen blamierten, uns hätten lieber auf die Lippe beißen oder das Maul aufreißen sollen, uns durchboxen mussten und wünschten, wir hätten all das damals schon gewusst, und behaupten, dass wir genau wüssten, wie sie sich jetzt fühlen.

Wir erzählen unseren Kindern das, was wir ihnen ersparen wollen.

Been there, done that, do better, bitte, Schatz!

Pfiffig gedacht irgendwie, aber so einfach läuft das leider nicht:

Jeder ist seiner eigenen Flöte Schlumpf und muss sein Lied von vorne anfangen. Tüdeldü, tüdeldü.

Die Geschichte, die mir meine Mutter erzählte, von ihrem ersten BH-Kontakt, vom Rundgemachtwerden, als sie anfing, rund zu werden, traf mich schon. Wie gemein! Die böse Tante, der fiese Spott, dass ihr niemand geholfen hat, dass sie sich das gefallen hat lassen und vor allem: Was für ein Mist, dass wir die Häuser in der Beusselstraße nicht geerbt haben und so von niemandem Miete kassierten und mein Marmorswimmingpool mit den Porzellanleoparden auf Goldsockeln drum herum, in dem Pierre Cosso auf einer delfinförmigen Luftmatratze vor sich hintreibt, genauso unerreichbar war wie das weiße, von meinem Bruder gezimmerte Holzhaus auf der Kornblumenwiese, wegen dem meine Mutter jeden Freitag Lotto spielte.

Die BH-Geschichte meiner Mutter traf mich. Verwackelt und vergilbt. Aber sie betraf mich nicht.

Am nächsten Morgen zog ich den Kack-BH jedenfalls nicht an. Und der Grund dafür war nicht, dass ein durch die BH-Geschichte meiner Mutter gewonnenes, neues Selbstbewusstsein - wie durch Zauberhand - mein Brustgewebe am Reißen hindern konnte, sondern weil ich nicht checkte, wo der Kopf durch musste.

Hatte ich einen Arm durch die vermutlich richtige Schlaufe, zurrte sich das Ringerrücken-X wie eine Kinnklappe an meinem Gesicht fest oder verfing sich im Pferdeschwanz. Hatte ich beide Arme in den vermutlich richtigen Schlaufen, rollte sich der Rest des Dings vorne auf meinem Schlüsselbein und hinten zwischen meinen Schultern so straff zusammen, dass es aussah wie das Pistolenhalfter eines Privatdetektivs, und war kaum mehr hoch oder runter zu bewegen. Stieg ich in meiner Verzweiflung mit den Füßen zuerst rein wie in eine Unterhose und zog den BH über meinen ganzen Körper nach oben, bekam ich ihn zwar immerhin über den Busen, aber das ganze Teil war in sich verdreht wie eine Gulaschnudel.

Beim Versuch des Entheddernss überdehnte ich mir dann noch den kleinen Finger, und beim Über-den-mittlerweile-vor-Zorn-hochroten-Kopf-wieder-Ausziehen blieb eines der Kunststoffriemchen zum Verstellen der Trägerlänge so ruckartig am Verschluss meines rechten Ohrsteckers hängen, dass mir Tränen in die Augen schossen und Blut vom Ohrläppchen auf die Schulter tropfte.

Ich sah rot: First Blood!

Erster Kollateralschaden in einem Krieg, den ich nie gewollt habe!

Wie John Rambo, der auf seinem Weg einfach nur friedlich irgendwo was essen will und dann zu Unrecht immer weiter in die Enge getrieben wird und zum Äußersten gezwungen, wollte ich an diesem Morgen bloß Frosties frühstücken und pünktlich zu meinem Wandertag.

Du blöder Kack-BH, du!

Es kam zu einem kurzen, aber heftigen Handgemenge. Ich

zerknüllte ihn. Zog ihm an den Trägern. Drohte, dass ich ihn zerreißen würde, merkte aber, dass ich das wegen seiner Stabilnahtigkeit niemals schaffen würde, was mich nur noch rasender machte.

Du hast das erste Blut vergossen, nicht ich!

In der Wäscheabteilung hast du vielleicht die Macht, aber nicht hier in meinem Zimmer!

Ich zerknüllte ihn wieder und wieder und wieder, wirbelte ihn durch die Luft, um ihm die Orientierung zu nehmen, so doll, dass mir dabei selbst ganz schwindelig wurde, und feuerte ihn schließlich mit voller Wucht in eine der Mini-Ecken meines Mini-Zimmers, wo er zu Boden ging.

Dann ließ ich erschöpft von ihm ab und zog mich an.

Den BH aber nicht.

Mit elf war mein Feind nicht mein Busen oder irgendjemand, der meinem Busen an die Wäsche wollte. Mit elf war mein Feind einfach erst mal bloß die Wäsche selbst.

Ringring, ringring.

– Hallo ...?

– Hey Annika! Heiner hier. Wir hatten uns neulich bei der Premiere von »Sgt. Splatter's Rotten Hearts 2« in der Zyankali-Lounge getroffen.

– Ach ja ...

– Und, hast du meinen Umschlag bekommen?

– Ja, habe ich.

– Und, hast du Lust?

– Ich weiß nicht. Ich hatte mir die Fotos irgendwie anders vorgestellt.

– Und wie anders?

– Na, du hattest gar nicht gesagt, dass die Frauen auf deinen Fotos nackt sind.

– Hatte ich nicht ...?

– Die machen ja richtig die Beine breit.

– Ja.

– Und die sind alle so behaart. Ich meine, ich finde zu viel Wegrasieren auch blöd, aber das ist echt krass ...

– Für den japanischen Markt muss das so!

– Aber als du meintest, du würdest deutsche Frauen für Agenturen in Japan scouten, klang das für mich eher nach lustiger Werbung und nicht nach so 'nem haarigen Pornozeug!

– Also, ich erklär' dir das mal kurz: In Japan gehören dicke Titten und ordentlich Busch einfach zusammen. Und, mach dir keine

Sorgen, die Haare sollst du dir ja nach dem Shooting sowieso wieder abrasieren. Die muss ich ja mit den Negativen mitliefern.

– Du musst Haare mitliefern?!

– Ey, das weiß man doch, die Japaner sind voll sick! Wenn die sich die Prints aus den Automaten ziehen, ist da immer noch ein Tütchen Scham- oder Achselhaar dabei.

– Urgh …

– Das ist in deinen 900 Mark mit drin. Uneingeschränkte Rechteabgabe an allen 300 Bildern, die Körperhaare und, das muss klar sein, topless ist Pflicht.

– Nee, das mache ich nicht.

– Ey, 900 Mark! Das sind über 60 000 Yen! Überleg mal, wie viel das ist!

– Pro Foto? Ungefähr … drei Mark?

– Ey, und Japan ist so was von weit weg. Von den Fotos wird hier niemand jemals was mitkriegen.

– Und was ist mit diesem Internet?

– Ach, vergiss das Internet! In zwei Jahren bricht das zusammen! Das Internet wird der Millenniumsflop schlechthin, glaub' mir.

– Ich mach's trotzdem nicht.

– Dann eben nicht.

– Alles klar, Heiner. Na dann Sayonara!

– Und schickst du mir dann bitte noch meinen Umschlag zurück?

Klack.

10

Barbies Brustwarzen

Als meine Mutter mit mir abends das BH-An- und Ausziehen übte, hatte sie die Idee, ich könne doch ein Herzchen auf den linken Träger sticken, für eine bessere Innen-Außen-Vorne-Hinten-Orientierung. Das war mir dann aber doch zu viel des Guten. Zu viel Stützrad an der Stützwäsche, zu Behindertenparkplatz.

Wir machten den Deal, dass ich den BH erst mal nur zum Sportunterricht, Seilspringen im Garten, Fahrradfahren über Kopfsteinpflaster und sonstigem Gehüpfe und Gewackel tragen müsse. Solch einen Deal gab es auch schon für meine Brille. Die setzte ich ausschließlich zum Fernsehen, zum von der Tafel Abschreiben und zum Lesen auf und nicht wie eigentlich verschrieben immer. Mit meiner Mutter war vieles verhandelbar. Sie war alles andere als eine Erziehungshardlinerin. Zur Aufrechterhaltung der häuslichen Harmonie und Vatis verdient friedvollem Feierabend traf sie mit meinem Bruder und mir gerne ihre Gentlemum's Agreements, die man mit Geduld und einer sich einschleichenden Totalmissachtung gut aufweichen konnte. Meine Zahnspange zum Beispiel schob ich mir irgendwann nur noch im Wartezimmer von Dr. Hartmann in den Mund und kaute darauf rum, damit sie bei der Kontrolle ein bisschen benutzt aussah und nicht nach einem Monat Aufbewahrungsdose.

Für den BH bedeutete unser Deal, dass er erst mal nicht im Kleiderschrank bei den Unterhosen, Unterhemden und Socken wohnte, sondern im Turnbeutel. Das entspannte unser Verhältnis. Wir rückten uns nicht ständig und überall auf die Pelle. Er war etwas für den Spezialeinsatz, wie eine Skibrille oder Knieschoner, und noch nicht die zweite Haut, ohne die ich schon bald nicht mal mehr den Müll runterbringen würde.

Außerdem stand ihm der Turnschuhgeruch ganz gut. Und das mit dem An- und Ausziehen war eigentlich gar nicht so schwierig. Vor allem musste man dabei cool bleiben und aufpassen, dass nichts im Vorfeld schon verdreht war. Mit meinem Sport-BH spielte ich ja auch noch in der totalen Amateurliga des Büstenhaltens. Keine Häkchen, keine Ösen, keine Bügel.

Trotzdem, er war für mich ein Sprung ins kalte Wasser, denn ich hatte keinerlei Bikini-Training.

Ich war nicht wie meine Freundin Tinka schon mit vier im Bikini über die Promenade von Elba spaziert. Wenn ich mit meiner Familie am Strand von Marielyst einen auf Quallenslalom machte, trug ich Badehose und Kescher.

Bademodenmäßig sah ich mich eher bei den Jungs. Die Stars-and-Stripes-Badehose meines Bruders fand ich zum Beispiel rattenscharf. Und jede Saison war ich aufs Neue fasziniert von den Hotpants meines Vaters, deren altrosa und immer älter und abgewetzter werdender Pannesamt geheimnisvoll in der Ostsee-Sonne schimmerte wie das Innere einer Muschel. Mit dem knallroten Bikini meiner Mutter hatte ich nichts am Hut.

Tinka dagegen zog schon den Bauch ein, als sie noch Schwimm-flügel trug. Sie stylte sich zusammen mit ihrer Mutter im Waschraum des Campingplatzes auf. Kombinierte ihren mari-neblauen Bikini mit den ganz, ganz vielen minikleinen weißen Pünktchen und den klackernden Holzperlen an den Seiten mit einer grasgrünen Sonnenbrille mit herzförmigen Gläsern und durchsichtigen Glitzerschwimmschuhen und fand sich todschick.

Sie war stolz auf ihren Bikini, auch wenn sie das Wort Bikini noch gar nicht aussprechen konnte und stattdessen immer Akini sagte, und es störte sie nicht, wenn ihr Akinioberteil nach der ersten Brandungswelle nur noch auf halb zwölf um ihren Hals schlabberte. Da war ja noch nichts, was die beiden kleinen Stoffdreiecke, die im Nacken und am Rücken mit zu Schleifchen gebundenen Bändern gehalten wurden, hätten verdecken müssen, weder in ihrem Bewusstsein noch tatsäch-lich.

Für Tinka war ihr Akini ein absolutes Must-Have. Sie hatte ihn sich so sehr gewünscht, mehr noch als Lackschuhe.

Tinka war eben voll ein Mädchen. Nicht Prinzessin, Tussi, Lolita, Zicke oder was man Mädchen sonst noch alles in die unpraktischen Schuhe schiebt, sondern sie sah in Schönheit einen Sinn, fand in ihr das Abenteuer, ihre Party mit der Welt. Eine Zeitlang wünschte sich Tinka sogar, Isabella zu heißen; Isabella, die Göttliche, ewige Schöne.

Wahrscheinlich genau in der Zeit, in der ich auf Seppel be-stand. Mein Sinn für Schönheit war irgendwie anders gelagert.

Anders als Tinka war ich mir nämlich nicht so sicher, ob das mit mir und dem Mädchensein so eine gute Idee war.

Jedes Mal, wenn ich in den Tiefen meines Schranks den Stoffsack mit dem ausrangierten Mädchenzeug der Nachbarstochter wiederfand, flashte mich sein Inhalt überhaupt nicht, sondern warf Fragen auf:

Warum sitzt Barbies Kopf so locker? Warum setzen Hanni und Nannis Eltern erst Kinder in die Welt und schieben sie dann einfach ins Internat ab? Warum hat Barbie einen Busen, aber keine Brustwarzen? Warum kann man Ken nicht kämmen? Was soll daran toll sein, in einer Mädchenschule ohne Jungs zu leben? Was ist der Sinn eines Busens ohne Brustwarzen? Warum wird der Ponyhof nie von Indianern oder Aliens angegriffen? Was soll ich mit einem Bikini? Warum sollte ich in der Schwimmbadumkleide noch mit einem Schleifchen hinter dem Rücken kämpfen, während die Jungs schon Arschbomben machen?

Auf den Sack, in den Sack, unflashiger Mädchensack in das Dunkel des Schranks zurück, Fernseher an, *Ein Colt für alle Fälle* gucken, Howy sein, nicht Jody.

Für meine Mutter war das okay. Sie sagte nie so was wie *schade, dass du nie rosa trägst*, oder *schade, dass du der Typ sein willst, der unten am Hubschrauber hängt, und nicht die Bikinischönheit, die sich durch die Saloontür räkelt.* Für mich gab es kein Mädchen-Muss.

Und obwohl meine Mutter selber Wert darauf legte, immer und überall die Schickste zu sein, und ihr knallroter, praller Bikini an ihrem zierlichen Kurvenkörper ganz Marielyst den Kopf verdrehte, ließ sie mich machen und nur in Badehose Eis am Stiel und Pölser aus dem Strandsupermarkt holen.

Ein Bikinioberteil wäre ihr wahrscheinlich auch viel zu gefährlich für mich gewesen. Ein Risiko für Leib und Leben. Denn, wo andere Leute bloß Brüste sehen, sieht meine Mutter Sicherheitslücken:

Ich hätte mit dem Bikini an einer Motorbootschraube hängen bleiben und ins offene Meer hinausgezogen werden können, beim Planschen von jemandem aus Versehen bis zur Ohnmacht stranguliert werden, mich im Badesee an einer Baumwurzel oder einem noch nicht geborgenen Wrack eines Weltkriegsfliegers verfangen können oder im Schwimmbad in einer Filteranlage, der das Abdeckgitter fehlt. Gluck gluck, Bikini Kill.

Und so kam es dann auch, dass ich nach den Sommerferien zur ersten Stunde Schwimmunterricht in der dritten Klasse nur in Badehose erschien. Ganz selbstverständlich, mit nahtlos braungebranntem Brustansatz. Weil ich immer so schwimmen ging. Weil ich nur Badehosen hatte. Und bis zu diesem Tag auch niemand was dagegen.

Als ich dann aber auf dem Startblock stand und zum Köpper ansetzte ... *Auf die Plätze* ... um meine Mitschüler mit einer kernigen Runde Powerbrustkraulen zu beeindrucken ... *Fertig* ... pfiff Frau Hänsel in ihre Trillerpfeife. *Trrrrrrrrrrriiiiiiiiiiiiiiiiiiiiiilll!!!* Start abgebrochen. Nicht los. *Annikaaa!!!* Auf die Fliesen des Beckenrands klatschende Badelatschen. Frau Hänsel stürmte auf mich zu, natürlich ohne zu rennen, denn rennen ist im Schwimmbad verboten. Runter vom Startblock. Am Arm wurde ich von ihr hinter den abgesperrten Dreimeterturm geführt, wo uns um Himmelswillen niemand sah: Ob ich mein Bikinioberteil vergessen hätte. Ob mir das nicht peinlich wäre. Ob mir das so peinlich wäre, dass ich mich nicht getraut hätte, ihr Bescheid zu sagen. Ob ich nicht wüsste, dass man doch mit ihr über alles reden kann. Ob ich lieber heute nicht mitschwimmen wolle. Ob ich beim Bademeister vielleicht mal in die Fundsachenkiste gucken wolle, ob da was Passendes drin sei.

Zum ersten Mal in meinem Leben fühlte ich mich nackt.

Nackt und – man konnte es nicht übersehen – als Mädchen.

Nasskalt erwischte es mich:

N = NICHT RICHTIG

A = AUSGELADEN

C = COOL IST ANDERS

K = KATASTROPHE

T = TROUBLE

NACKT – blöde Erkenntnis!

Mein Seppelparadies ging baden und ich mit blauen Lippen, hochgezogenen Schultern und ganz doll vor der Brust verschränkten Armen durch die Mädchendusche zurück in die Mädchenumkleide.

Dass man sich auch nackt fühlen kann, obwohl man Klamotten trägt, wusste ich noch nicht. Ich ahnte noch nichts von notgeilen Nuckelaugen neben dir im Nahverkehr, von Anzüglichkeiten und absurd anmutenden Ausfällen als alltägliche Attacke auf deinen Ausschnitt, chronischen Charteranfragen von cliquenweise Chauvinistenclowns, kackfrechen Kotzbrocken mit Kurzschlussejakulat, Tittenneid und Tussiterror.

Nach der Schwimmstunde hatten alle Kinder rote Augen.

Ich auch. Tinka versuchte, mich zu trösten. Sagte, in der Altstadt gäbe es total schöne pinke Badeanzüge, die aussähen, als wären sie aus ganz ganz vielen minikleinen Glitzerpailletten zusammengenäht.

Ich wurde kein Bikinigirl und deswegen auch kein Strand-, Badesee- oder Sommermädchen. Zunächst wurde ich die, die wegen ihren Brüsten den Bus verpasste.

11

Brüste
im Leerlauf

Mit jedem meiner Schritte wurde es ungeduldiger. Das Blubbern des Motors, das zornige Zischen der sich automatisch öffnenden Türen, die Eile in den Schritten der Leute.

Der 145er fuhr alle zehn Minuten. Und zehn Minuten sind, wenn man zwölf ist, eine Ewigkeit, die man nicht einfach mal so über hat. Verpasst man einen Bus, verpasst man ganz viel! Den süßen Franzosen, der immer mit seinem Sting-Ledermantel im selben Bus fährt und hinter geschwungenen Klimperwimpern Frank-Margerin-Comics liest, den extrem wichtigen Anruf der Freundin, die unbedingt loswerden will, wer auf dem Heimweg mit in ihrem Bus saß, die letzte Portion Grießpudding mit Kirschen im Kühlschrank, bevor der große Bruder sie isst, den Anfang von *Knight Rider*, einfach alles!

Der Bus stand an der Haltestelle, meine Brüste und ich aber auf der anderen Seite der Kreuzung, und die Fußgängerampel schaltete auf grün. Wäre sie rot geblieben, hätte ich sagen können: Schicksal! Diese zehn Minuten waren für mich nicht erreichbar. Aber, da die Ampel ja grün wurde, hatte ich jetzt drei Möglichkeiten:

1. Rennen

Nur eine Frage von Sekunden, und ich wäre an der Fahrertür. Ein kurzer Sprint und hüpf und Abfahrt. Allerdings ist einfach losrennen mit großen Brüsten ziemlich schwer. Egal ob Sport-

oder Bügel-BH, für solch eine Aktion ist der Halt nie genug. Man muss die Sache schon selbst in die Hand nehmen, damit einem während des Spurts die Oberweite nicht um die Ohren fliegt oder sogar zwei Veilchen verpasst und man am Ende noch niedergestreckt von den eigenen Brüsten bewusstlos auf der Kreuzung zusammensackt.

Damit das nicht passiert, nimmt man also eine Brust in jede Hand, hebt sie ein bisschen an, drückt sie an den Körper und rennt los.

Das Problem dabei aber ist: Ein Bus hat Fenster! Und deshalb kommt in einen Bus zu steigen, auf den man mit großen Brüsten, egal ob festgehalten oder freischwingend, vorher zugerannt ist, überhaupt nicht in Frage, weil immer scheiße. Einfach losrennen fiel also flach.

2. Zügiges, brustfreundliches Gehen
Ich könnte mich beeilen, aber ohne zu rennen. Das heißt, meine Schrittgeschwindigkeit so weit erhöhen, wie es die Schwungmasse meiner Brüste zulässt. Problem: Das kann zu Missverständnissen führen. Denn mit einem großen Busen gleicht so eine brustbedingte Höchstgeschwindigkeit schnell mal einem gelassenen Schlendern. Dann wirkt jede Omi, die mit Einkaufstaschen und Regenschirm eifrig mit ihren Omischuhschritten auf die Bustür zutippelt spritziger und bemühter als man selbst, das junge, gesunde und dabei durchaus auch viel schnellere Mädchen, das aber zu schlendern scheint. Unmöglich! Als hätte ich alle Ruhe weg.

Na hereinspaziert! Nur keene Eile, wa?! Immer schön jemütlich und piano, junge Dame! Wir haben hier ja alle Zeit der Welt! Fahr-

pläne sind doch nur wat für Hektiker ...! Ma'n Stückchen zur Seite treten bitte und die ältere Dame och noch rinlassen?

Und während der Bus dann mit extraquietschenden Reifen durchstartet, müsste ich mir unter den Augen feindlich gesinnter Fahrgäste inklusive vielleicht sogar denen des langwimprigen Franzosen einen Platz suchen. Auch scheiße!

3. So tun, als wäre das gar nicht mein Bus.

Als stünde ich nur rein zufällig hier gerade an der Ampel, die grün wird. Als hätte ich nie vorgehabt, sie zu überqueren. Aber, weil sie ja gerade grün wird, warum nicht? Geh' ich halt rüber! Aber nur ganz, ganz beiläufig. Nicht so wie die anderen, die losrennen, oder wie die Tippelschrittomis mit ihren Taschen. Wieso auch? Ist doch gar nicht mein Bus, auf den ich da zusteuere! Ich will gar nicht mitfahren! Ich doch nicht! Der 145er?! Der ist mir ja wohl so was von gleichgültig! Weiß gar nicht, wo der hinfährt. Und, dass meine Brüste und ich da sonst immer einsteigen, na und ...?! Heute jedenfalls nicht!

Das Problem: Ich verpasse den Bus. Sicherlich total scheiße, aber irgendwie von allen Möglichkeiten die sicherste. Manchmal hat man eben Situationen nur in der Hand, wenn man sie fallen lässt. Dann kann man nicht nur im Vorfeld schon sagen, was laufen wird bzw. was nicht, sondern immerhin auch, dass man sich dazu selbst entschieden hat.

Betont langsam ging ich also über die Kreuzung. Ohne Busenbewegung auf den Bus zu, aber nur, weil er dort ja gerade vor sich hinblubberte, während die anderen Leute schon in seine zischende Tür einstiegen und die Omis eifrig auf ihn zutippelten.

Genau zehn Minuten meines Lebens würde ich verlieren, mich über mich selber ärgern, den Anfang von *Knight Rider* verpassen und deshalb vielleicht nicht richtig checken, wer der Böse ist, der letzte Grießpudding mit Kirschen wäre nicht mehr mit Alufolie bedeckt im Kühlschrank, sondern im Bauch meines großen Bruders, und den extrem wichtigen Anruf bekäme eine andere Freundin.

Wohlan! Damit könnte ich gerade noch so leben.

Doch dann kam es zum Supergau:

Der Busfahrer hatte anscheinend einen guten Tag. Sehr ungewöhnlich im Nachmittagsverkehr und auf Strecken, die auch vor Oberschulen stoppen. Mit so etwas war wirklich nicht zu rechnen, noch nicht einmal die Sonne schien, es nieselte sogar.

Ich spürte, wie der Busfahrer von seinem Sitz aus durch die Frontscheibe meinen Blick suchte. Den richtete ich aber natürlich extra ganz woanders hin. Überallhin, bloß eben nicht auf ihn und seinen Bus. War ja auch nicht mein Bus. Denn der fuhr schließlich erst in zehn Minuten! Um mein unbedingtes Unbeteiligt-Sein deutlicher zu machen, schaltete ich noch einen Gang runter. Ich steckte die Hände in die Hosentaschen, spitzte die Lippen und pfiff eine egale Melodei.

Jetzt mach schon die verdammte Tür zu!

Aber anstatt den Türknopf zu drücken, den Blinker zu setzen und mit zum Abschied winkenden Scheibenwischern abzufahren, um mich und meine Brüste in Würde den Bus verpassen zu lassen, hörte der Fahrer einfach nicht auf zu warten. Motorblubber, Motorblubber!

Und dann, als meine Brüste und ich an seiner immer noch

offenen Tür vorbeischlichen, lehnte er sich über seinen Kassenapparat und rief mir durch den Niesel zu, weil es ihm nicht klar war und mir ja im Grunde auch nicht: *Willste mit?*

Alle guckten mich an. Auch die langen Wimpern des Franzosen.

Eigentlich hätte ich nur einsteigen müssen, und alles wäre gut gewesen. Nur eine kleine Stufe hoch und hüpf und Abfahrt. Aber weil durch große Brüste schon das kleinste Hindernis manchmal eine unüberwindbare Hürde ist, lief das nicht.

Ich antworte: *Neinnein, äh, ich laufe lieber.*

Schließlich wollte ich ja auch nicht so rüberkommen, als würde ich in irgendwelche Busse steigen, die gar nicht meine sind, nur weil ich mich nicht traue, nein zu sagen.

These boobs
are not
made for walking.

12

Ein Fall von Obst

Ich lag im Bett, und es fühlte sich an, als wäre mein Körper ein zusammengerollter Gartenschlauch in der Wüste.

Aber es ging mir schon besser: Immerhin konnte ich wieder ein bisschen was trinken. Und den Zwieback, den mir meine Mutter am Tag zuvor, als sie vorbeigekommen war, hingestellt hatte, konnte ich zumindest anschauen, ohne dass es wieder losging.

Das Telefon klingelte.

Zur Bettkante robben. Arm fallen lassen wie in die tiefste Schlucht aller Schluchten der Welt. Mit kraftlosen Fingern nach dem Hörer greifen. Und hoch damit zum Ohr, auch wenn das Ding eine Million Tonnen wog.

Hallo?

Hallo, ist da Annika?, fragte eine Frauenstimme.

Ja, äh ... glaube schon ..., antwortete ich, war mir aber dabei nicht halb so sicher, wie ich tat.

Hi, hier ist Paula.

Hi ... Wer?

Paula, von der Chilly-People-Agency.

Ah, hallo.

Keine Ahnung, was ich eigentlich in all den Karteikästen dieser Agenturen zu suchen hatte. Aber Ende der Neunziger als junger, in der Großstadt wohnender Mensch ohne Plan, in keiner dieser People-Agencys zu sein, war ungefähr genauso unmöglich, wie als Kind in den Achtzigern keine Zahnspange zu bekommen. Könnte ja irgendwas bringen. Und Casting-Agenten bzw. meistens Agentinnen lauerten überall: in den Clubs bei den Toiletten, in den Bars am Zigarettenautomaten, in den Cafés an den Tischen neben der Tür, an denen alle vorbei mussten. Kärtchen hier, Polaroid da. Füll das Blatt doch bitte kurz noch aus. Und schwupps, warst du, wenn du nicht eine plausible Ausrede hattest, drin. Und ich, mit 75 F, sowieso.

Meistens suchten sie einfach nur Leute für irgendwelche Trash-Formate, manchmal Komparsen für die neuen Kino-filme von Leander Haußmann, Detlev Buck oder Sönke Wort-mann, sehr oft Partycrowds für Hintergründe von Musik-videoclips oder witzige Typen für Werbespots.

Durch Paulas Agentur hatte ich einmal eine Rolle als Braut bekommen. Das war ungewöhnlich, da ich sonst bei den Cas-tings zwar immer in die Endrunde kam, aber dann doch nie genommen wurde. Und bei einem Casting in die Endrunde zu kommen heißt nichts weiter, als dass du zwei-, drei- oder sogar viermal in irgendwelchen Agenturräumen antanzen, dich vor einen weißen Hintergrund stellen und vor einer Kamera total zum Affen machen musst:

Zeig' mal deine Hände! Dreh' dich mal um dich selbst! Flipp' mal total aus, als hätte dein Freund mit dir Schluss gemacht! Flirte mit der Kamera, als wäre sie dein Traummann! Be-schwöre die Wahrsagerinnenkugel und frag' den großen Geist, was man dieses Jahr zu Weihnachten so schenkt!

Ich bin sicher, in alledem war ich nicht besonders gut. Und ich glaube, eigentlich war ich mit meinen Brüsten auch nicht wirklich gut vermittelbar. Trotzdem hielten sich die Agentin-nen und Regisseure mich als die-total-schräge-Freakfrau, als die-mit-den-Brüsten-Option gerne bis zum Ende offen. Schon allein, um dem Kunden zu zeigen, wie crazy sie gehen könnten, aber es natürlich nicht tun, weil sie ja nicht verrückt sind, haha ... Charakter ist gut, aber so viel, haha ... Nein. nein, die Annika ist uns too much! Nicht, dass sich noch die Leute von ihrem Dekolleté irgendwie belästigt fühlen, es ihnen unangenehm ist, dass sie dort hingeguckt haben. Schließlich drückt ein Busen dieser Größe doch sehr einseitig nur den männlichen Blick aus. Klar, in London ginge so was, aber hier in Deutschland ... Trotzdem super, dass ihr sie gezeigt habt. War lustig!

Als mich Paula dann angerufen hatte und sagte, ich wäre genommen worden für einen Spot der HypoVereinsbank, und zwar als die Braut, hatte ich mich riesig gefreut. Ich war genommen worden! Ich war nicht too much! Und ich war sogar die Braut – das fand ich richtig toll! Viel Kohle gab es zwar nicht, aber, so dachte ich, vielleicht ja einen schicken Bräutigam.

Dass der dann am Ende natürlich kein Marcus Schenkenberg war, sondern ein einsfünfzig kleiner Siebzigjähriger mit Glitzeranzug, der laut Regieanweisung seinen greisen Kopf mit der silbernen Elvistolle immer an meinen Brautbusen anlehnen sollte, hätte ich mir eigentlich denken können. Auch dass wir in der finalen Schnittrunde als das Freakpärchen im Kontext der anderen geschmackvollen Menschen-Moods einfach too much waren und rausgeschnitten wurden, war zwar schade gewesen, aber eigentlich absehbar – auch ohne Wahrsagerinnenkugel.

Jetzt hatte ich jedenfalls keinen Bock mehr! Nur weil ich Zeit zu verschwenden hatte, hieß das doch nicht, dass ich sie für den Spaß anderer verschwenden musste! Dann fahr ich lieber mit der S-Bahn den ganzen Tag von Endstation zu Endstation und gucke, was passiert, oder setze mich auf eine Wiese und bin meine eigene Sonnenuhr. Ich würde mich zu nix mehr überreden lassen! Von keiner dieser manipulativen alles-supi-supi-Agentinnen, zu keinem dieser Lauf-mal-durch-das-Bild-und-sei-total-überrascht-von-der-Tütensuppe-Castings! – Cut! Ich war raus! Und als Paula anrief, war ich richtig froh, dass es mir gerade so schlecht ging.

Annika Süße, wie geht es dir?

Schlecht! Ganz, ganz schlecht! Ich wälzte mich ein bisschen in den Kissen, damit sie hörte, dass ich im Bett lag.

Oh nein, liegst du im Bett?

Ja ... (raschel, raschel) *schon seit drei Tagen.*

Du Arme! Ihre Stimme klang tatsächlich so, als würde sie es mir abkaufen. Aber warum auch nicht, es stimmte ja. *Was hast du denn?*

Ganz schlimm Magen-Darm! Ein fieser, fieser Infekt direkt aus der Hölle! Und ansteckend garantiert auch.

Auweia Annika ... musst du dich denn übergeben?

Seit gestern nicht mehr. Aber davor die ganze Zeit!

Du musst unbedingt viel trinken ...

Ich versuch's ja ...

... und etwas essen ...

Nein, unmöglich! Das schaff' ich nicht! Ich guckte rüber zum Zwieback und machte leise ein Magenkrampfgeräusch, um die Ausgeschlossenheit eines eventuellen Casting-Einsatzes meiner Person zu unterstreichen: *Hnmnmmgh ...!*

Oje, das klingt nicht gut ... das kenn' ich! Als Mr. Fraggles gestorben ist, habe ich auch eine Woche nichts runterbekommen. Nicht mal Sushi. Diese Info brachte mich ein bisschen aus dem Konzept. *Mr. wer ...?*

Mr. Fraggles ... Mein Mops! Du weißt schon ... Weiß mit schwarzem Ohr ... (schnief) Er ist tot!

Oh ...!

Er lag doch immer unter meinem Schreibtisch (schnief) und hat mir, wenn ich telefoniert habe, die Nase auf den Fuß gelegt (schnief). Und jetzt ist da nur noch sein leeres Körbchen ...!

Paula, das wusste ich nicht. Das tut mir echt total leid!

Danke, das ist lieb von dir. (Schluchz)

Warum ist er denn gestorben?

Ach, ich will nicht drüber reden. (Schluchz, heul)

Okay ...

Weil ... du bist es doch, der es gerade so schlecht geht ... da will ich nicht ...

Schon gut ... Wann ist das denn passiert?

Vor fünf Monaten. (Schluchz)

Vor fünf ...?

... und ich weiß jetzt gar nicht, ob ich das Körbchen wegschmeißen soll ... Annika, ich kann doch nicht Mr. Fraggles Körbchen einfach wegschmeiiißeeen ...!!!

Mittlerweile heulte Paula Rotz und Wasser. Sie heulte so sehr, dass ich schon fast das Gefühl hatte, es flösse durch den Hörer, durch meinen Gehörgang, direkt in die Dürre, die vor drei Tagen noch mein Gehirn war.

Ich fühlte mich schrecklich. Natürlich tat ich das schon vorher, aber jetzt drückte nicht nur der Magen, sondern mir auch noch ein überdimensionales, leeres Hundekörbchen auf mein Gewissen. Paula hatte den Spieß umgedreht. Die listige

Schlange! Sie hatte mir einfach das Zepter des Leidens aus der Hand gerissen. Eine Standardtaktik von Menschen, die dich überreden wollen, etwas für sie zu tun, was du eigentlich nicht willst. Hast du Kopfschmerzen, haben sie mindestens einen Gehirntumor. Hast du Magen-Darm, ist ihr Mops tot. Paula war ein echter Profi. Vor Schreck war mir sogar entfallen, dass meine Katze Daisy auch tot ist. Eingeschläfert. Und zwar erst vor viereinhalb Monaten! Das wäre mein Argument gewesen. Mist!

Stattdessen:

Gib' doch das Körbchen beim Tierheim ab. Die brauchen da immer so was.

Annika, was für eine schöne Idee ... (schluchz) Aber ich glaube, das kann ich noch nicht!

Hmmm, also, wenn ich dir irgendwie ...

Ja, genau, super, dass du's ansprichst, deshalb rufe ich ja an: Du kannst mir nämlich total helfen! Zu all dem Stress mit Mr. Fraggles sitzt mir nämlich jetzt auch noch Schütz & Franz im Nacken.

Plötzlich klang sie gar nicht mehr so traurig.

Schütz & Franz ...?

Die Werbeagentur. Die räumen gerade alles ab. Totale Global Player ...

Aha ...

Und jetzt haben die da schon wieder eine ihrer Goldideen, mit der sie in einen Pitch wollen. Und alles natürlich last minute. You know the biz ...

Was haben die ...?

Na ja, die machen eine Kampagne für einen ausgedachten Kunden, um damit einen Preis zu gewinnen.

Aha ... und was für'n Preis ist das?

Keine Ahnung. Irgendein Werberpreis für Kreativität oder so, whatever ... Anyway, ums kurz zu machen: Die brauchen Leute, die aussehen wie Obst oder Gemüse ...

Der Virus zerknüllte mir den Magen: *Hnmnmmgh ...!*

... für ein Fotoshooting. Ich habe alle Models dafür zusammen, jetzt brauch' ich nur noch dich. Und zwar ganz, ganz dringend, bittebittebitte!

Ja, äh ... Schade, aber ich bin ja leider krank ...

Du Annika, ich würde dich auch echt nicht fragen, wenn ich wüsste, wen ich sonst fragen könnte. Ich habe einen dicken Mann als Birne, einen dünnen Mann als Spargel ...

Hnmnmmgh ...!

... 'nen Typen mit 'ner dicken Banane in der Hose und ein Mädchen als Pflaume, und jetzt brauch' ich nur noch dich!

Und als was ...?

Na, als Melonen natürlich. Total witzig, oder?

Hnmnmmgh, sehr witzig ...

Bittebittebitte Annika! Dein Gesicht würde man auch gar nicht sehen. Es geht echt nur um ein Foto von deinen Brüsten. Keiner weiß, dass du das bist. Und nackt ist das auch nicht. Du bekommst ja ein Bikinioberteil an.

Ach wie schade ... In 75 F gibt's gar keine Bikinioberteile ...

Das lass mal unsere Sorge sein. Wir kümmern uns um alles.

Aber ich bin wirklich sehr krank ...

Ich bin auch die ganze Zeit beim Shooting dabei und halte dein Händchen.

Mir geht es echt richtig scheiße ...

Annika, ohne Melonen ist das keine Goldidee!

Im Moment fühl ich mich eher wie Dörrobst als wie Melonen ...

Hahaha, siehst du: Dir geht's doch schon wieder besser! Und, du wirst sehen, morgen bist du wieder auf dem Damm ...

Morgen ...?!

Ja, das Shooting ist schon morgen. Habe ich das nicht gesagt? Total coole Location, ein altes Ost-Schwimmbad.

Hnmnmmgh ...!

Bittebittebitte Annika, du hast dann auch für immer einen bei mir gut. Und bei Schütz & Franz sowieso. Weiß man nie, was das mal bringen kann.

Ich versuchte noch ein bisschen weiter, mich irgendwie aus der Geschichte rauszuwinden. Ich schilderte meinen Krankheitsverlauf, erzählte von den Tagen und Nächten über dem Eimer, ging da richtig ins Detail. Aber nichts half. Dass ich krank war, galt nicht. Und auch das Argument, dass ich nie Fotos von meinen Brüsten machen ließ, obwohl ich solche Anfragen damals öfter bekam als meine Tage, wurde von Profi-Paula abgeschmettert. Sie plädierte darauf, dass es dabei um einen Gefallen ging. Um eine moralische Verpflichtung gegenüber der Menschlichkeit. Ich sollte es für sie machen. Für die arme Mopswitwe, die ohne meine Brüste gar nicht wüsste, was sie tun sollte. Nein, das hier war nicht irgendeine Anfrage für einen Job. Das hier war viel mehr. Apropos:

Was zahlen die denn für ihre Goldidee?

Ach so, hab ich das noch nicht gesagt? Geld gibt es nicht.

Hä, wieso nicht?!

Na, der Kunde ist doch nur ausgedacht. Die verdienen da doch nichts dran.

Also Paula ganz ehrlich, ohne Kohle für 'ne große Werbeagentur meine Brüste rausholen, das mach' ich nicht.

Okayokay, Annika. Hast ja recht, ich regle das. Aber du musst mir versprechen, dass du das auf gar keinen Fall dem anderen Obst und Gemüse sagst ... Du bekommst ... äh ... 150 Mark. Das Ganze dauert maximal eine Stunde, und danach fährst du mit der Kohle nach Hause und legst dich einfach wieder ins Bett. Simple as that. Morgen, 6 Uhr 30, Schwimmbad also.

6 Uhr 30 ...?! Morgens ...?!

Na, wir müssen das ganze Ding vor den Öffnungszeiten durchgeschossen haben. Hatte ich das nicht gesagt?

Am nächsten Morgen klingelte mein Wecker also um 4 Uhr 30.

Ich hatte genau zwei Stunden.

Zwei Stunden, um die Kotzaura abzuschütteln, meinen Kreislauf zu reanimieren, die Vier-Tage-Bett-Frisur zu waschen, das Magen-Darm-Gesicht zu schminken, mir auf dem Stadtplan anzugucken, wo ich überhaupt hinmusste, (denn jedes Ost-Schwimmbad ist von Spandau aus mindestens eine Stunde weg), da hinzukommen und vorher noch das ins Reine zu schreiben, was ich mir nach dem Gespräch mit Paula in strichschwachen Dehydrationshieroglyphen auf die Innenseite der Zwiebackpackungslasche notiert hatte:

Einen Vertrag.

Weil, nach allem was ich mit Fotografenanfragen erlebt hatte, wollte ich sichergehen, dass die Fotos nicht zusammen mit einem Tütchen Schamhaar in irgendeinem Automaten in Japan landen oder sonst wo.

Außerdem lief das damals einfach mal so: Du wurdest fotografiert für einen Artikel in einem Lifestyle-Magazin über Leute, die gerne flippern, und zwei Jahre später erschien dasselbe Foto noch mal in einer Tageszeitung zum Thema Alkoholismus unter Jugendlichen.

Da wollte ich sichergehen, dass so was nicht passiert. Nicht, dass meine Mutter wieder allen Leuten, die es ja schon immer gewusst haben, dass das mit mir und dem Alkohol mal so enden würde, erklären musste, was Bildnutzungsrechte sind und was Fotoagenturen so im Schilde führen.

Wenn meine Brüste fotografiert werden, dann ja wohl nach meinen Regeln.

Mit Kugelschreiber schrieb ich also auf Karopapier:

VERTRAG

Berlin, den 16.06.1999

zwischen A. L. Trost und dem Obst-und-Gemüse-Fotografen

Hiermit verspreche ich, dass ich die heute von Annika Line Trosts Brüsten geschossenen Fotos nur für die ausgedachte Obst-und-Gemüse-Kampagne verwende, nicht weitergebe oder verkaufe und auch nicht für den privaten Gebrauch nutzen werde. Weiter verpflichte ich mich, meine Vertragspartnerin Annika Line Trost über alle eingehenden Angebote für eine Weiterverwendung des Bildmaterials umgehend in Kenntnis zu setzten.
Versprochen ist versprochen und wird auch nicht gebrochen.

—————————————   —————————————

Unterschrift Fotograf   Unterschrift A. L. Trost

Mit dem Vertrag in der Tasche und einem Zwieback im Bauch stand ich um 6 Uhr 30 vor der Glastür des Schwimmbads. Sie war verschlossen. Keine Paula in Sicht, kein Fotograf, niemand, der aussah wie Obst oder Gemüse. Ich klopfte gegen die Scheibe. Aber nichts passierte. Der Ticketschalter war leer und das Foyer dunkel. Was nun? Noch mal klopfen. Aber wieder nichts. Paula anrufen. Mailbox. Blöd rumstehen. Lauter klopfen. Noch lauter. Ganz laut mit dem Fuß.

Endlich tat sich was. Die Neonlichtanlage des Eingangsbereichs klimperte an, und ein Mann mit weißen Badelatschen und kritischem Blick schlurfte ins Foyer. Ich winkte ihm zu. Deutete auf das Schloss der Tür, worauf er mit dem Zeigefinger auf seine Armbanduhr tippte und mit dem Kopf schüttelte.

Glasscheiben-Scharade.

Ich hielt mir eine imaginäre Kamera vors Gesicht und schoss ein paar imaginäre Schnappschüsse. Er machte etwas mit dem Arm, was aussah wie Tai Chi oder Wasserballett. Ich zuckte mit den Schultern. Er auch. Mit meinen Händen deutete ich an, wie ich zwei schwere Melonen vor meiner Brust hoch und runter wuchtete und schoss danach noch ein paar Fotos von ihm. Die Runde ging an mich. Er zog ein riesiges, jedoch nicht-imaginären Schlüsselbund aus der Hosentasche seiner weißen Shorts und schloss die Tür auf.

Frühschwimmen heute erst ab acht, junge Frau!

Ich gehöre zum Fotoshooting. Ich bin die Melonen.

Ach so, sagen Se dit doch gleich. Personaleingang. Einmal um die Halle rechts. Hat Ihnen dit niemand jesagt ...?

Nein, hatte mir niemand. Aber auch das gehört dazu, wenn man etwas tut, zu dem man überredet wurde. Das ist ein Gefallen-tun-Klassiker: zunächst ein bisschen rumstehen wie bestellt und nicht abgeholt und sich fühlen wie Falschgeld.

Das kennt man ja: Erst heißt es, bring bittebitte unbedingt wieder deine gedeckte Apfeltorte mit zur Party, die war letztes Mal so lecker, und dann steht man mit dem Ding in den Händen solange blöd rum, bis man sich selber von der Gastgeberin einen Beistelltisch organisiert hat, weil das Buffet zu klein für die vielen Kuchen ist.

Auf diese Weise transformiert sich der Gefallen zu so was wie deinem persönlichen Anliegen. Du bist dann nicht mehr die, die trotz Deadline-Stress, Wassersperrung und Boskop-Notstand in sämtlichen Supermärkten als Freundschaftsdienst einen Apfelkuchen gebacken hat, sondern du bist die, die zu jeder Party unbedingt immer ihren selbstgebackenen Kuchen mitbringen will. Der Spieß wird umgedreht, und du bedankst dich für den Beistelltisch.

So bog ich also um die Ecke.

Die Retterin der Goldidee war jetzt die, die trotz Magen-Darm, für geheime Unterbezahlung und einen Kunden, den es nicht gab, auf dem selbstverständlichen Weg war, ihre Melonen in die Kamera zu halten, als gäbe es nichts Schöneres.

Vor dem Personaleingang stand Paula und unterhielt sich mit einem dicklichen Typen. Er trug ein hellgrünes Polohemd, und sie rauchten.

Paula war offensichtlich erleichtert, mich zu sehen:

Maaann ey, Annika, sagte sie. *Ein Glück! Wir dachten schon, du hast verschlafen.*

Neinnein, erklärte ich und zog es vor, aus der fehlenden Info, wie man in die Halle kommt, der Laune wegen kein großes Ding zu machen, *ich war nur am anderen Eingang …*

Der Typ mit dem hellgrünen Polohemd guckte genervt in den Himmel und kniff die Augen zusammen. Ich konterte mit gutem Benehmen und versuchte, die Situation aufzulockern:

Hi, ich bin Annika. Die Melonen. Und du bist sicher … die Birne?

Nein, ich bin nicht die Birne …, antwortete er und guckte dabei noch genervter, *ich bin Tom. Der Fotograf. Die Birne ist schon durch. Und eigentlich warten hier alle gerade nur auf dich.*

Das fing ja toll an.

Um Tom nicht noch mehr seiner kostbaren Zeit zu stehlen, kramte ich ohne Umschweife den Vertrag aus meiner Tasche.

Du, äh, ich habe da was vorbereitet. Könntest du das hier bitte noch unterschreiben, bevor wir loslegen? Es ist nämlich so: Ich lasse von meinen Brüsten normalerweise nie Fotos machen. Das ist heute eine totale Ausnahme. Ich hätte da gerne einfach ein bisschen Sicherheit, was die Bilder angeht.

Tom überflog den Karozettel, kräuselte die Stirn und gab ihn mit einem abfälligen *Tsss!* an Paula weiter. *Das unterschreibe ich nicht!*

Dann schnipste er seine Kippe ins Gebüsch und verschwand, mit dem stampfenden Gang einer beleidigten Birne, in der Schwimmhalle.

Annika, entspann dich mal, stöhnte Paula und gab mir meinen Vertrag zurück. *Tom ist ein Vollprofi. Deine Brüste interessieren den gar nicht. Komm', bitte jetzt kein Drama machen! Wir*

haben nun ja eh schon Delay und nur noch 'ne halbe Stunde für den
Melonen-Schuss. Und du musst dich noch umziehen.

Widerstand war zwecklos. Paula zog mich in die Halle.

Das Erste, was mir darin entgegenkam, war eine Luft, die sich
anfühlte wie dicke, lauwarme Hühnerbrühe. Eigentlich ja gut,
wenn man krank ist, aber nicht abgeschmeckt mit Chlor und
Käsefuß, und außerdem bin ich Vegetarierin.

Das Zweite war nicht weniger unangenehm: Das Bikinioberteil, welches mir die Assistentin des Fotografen mit den
Worten *Hier, dein Outfit* überreichte. Sie hatte es besorgt und
natürlich, weil es in meiner Größe nicht einfach so an jeder
Ecke ein Bikinioberteil gibt, passte es nicht. Es war zu groß
und zu klein gleichzeitig.

Unter der Brust schlabberte es, die Körbchen waren zu
klein, der Mittelsteg war zu breit und stand zwischen den
Brüsten vom Körper ab und die Bügel saßen auch nicht da, wo
BH-Bügel sitzen sollen, nämlich in der Falte unter der Brust,
sondern mindestens drei Zentimeter davor.

Es war einfach die falsche Größe. 80 D und nicht 75 F.

75 F hatten die bei H&M nicht, rechtfertigte sich die Assistentin, *da dachte ich, bevor wir gar nichts haben, kaufe ich lieber
das.*

*Aber wenn ihr wollt, dass die Dinger aussehen wie Melonen, brau-
chen wir schon die richtige Größe,* erklärte ich. *Meine Brüste sind ja
nicht aus Silikon.*

Is doch egal jetzt, entschied Paula und deutete auf die schwarzen Aufdrucke auf dem weißen Baumwollstoff. *Steht ja alles
drauf.*

Auf meiner rechten Brust stand das Wort »Melonen« und auf meiner linken Brust »2,99/Stck.«, beides im Look eines Obst- und Gemüseladenpreisschilds. Das sollte wohl lustig sein. Die Goldidee. Ein wahrer Geniestreich der Kreativität!

Allerdings quollen meine Brüste an den Außen- und Innenseiten der zu kleinen Bikinikörbchen so sehr hervor, dass sie ungefähr so unknackig und unmelonig anmuteten wie zwei geplatzte Sofakissen.

Dazu gab mir der fehlende Halt der Bügel ein Gefühl, als wäre ich nackt. Schlimmer als nackt: bloßgestellt! Wie jemand, dem ein Hoden aus der ausgeleierten Badehose hängt, es aber nicht merkt und irgendwann doch.

Nicht gerade sexy und überhaupt nicht smart.

Am besten wir zeigen das mal Tom, schlug die Fotoassistentin vor.

Gute Idee.

Tom stand am Beckenrad vor der Tür der Damendusche und gab einem mit Lampen und Belichtungsmessern rumhantierenden Typen Anweisungen. Seine Stimme hallte dabei über den mechanisch vor sich hinplätschernden Wasserspiegel, knallte brutal gegen die Scheiben der Glasfronten und wurde zu uns zurückgeschleudert.

Hier war die Luftbrühe noch dicker. Wie über Nacht stehen gelassen und noch mal aufgewärmt. Sie fühlte sich an wie ein Fieberschub. Mein Magen krampfte sich zusammen. *Hnmnmmgh ...!* Genau, denn ich war ja krank.

Guck' mal Tom, ihre Brüste sehen irgendwie gar nicht aus wie Melonen. Oder reicht dir das so?, meinte die Assistentin.

Tom glotzte mir auf die schlecht verpackten Brüste. Natürlich rein beruflich. Schließlich war er ein Vollprofi.

Na ja, ich sage mal, schon eher Milchkampagne als Obst & Gemüse, nä ...

Der Typ mit den Lampen lachte. Haha, war ja auch ein echter Goldwitz!

Mir reichte es langsam. (Und wenn mir etwas reicht, werde ich zunächst sehr pragmatisch):

Also Leute, das ist ja so: Das Ding hier passt nicht. Wir haben jetzt zwei Möglichkeiten. Ich kann gerne meinen eigenen BH anziehen, dann sehen meine Brüste auch aus wie Melonen ...

Farbe?, unterbrach mich Tom.

Äh ... Der BH ...? Schwarz, antwortete ich.

Geht nicht!, erwiderte er. *Das Konzept ist weiße Klamotte mit schwarzer Schrift. Und außerdem schießen wir hier nicht den Pirelli-Kalender.*

Der Typ mit den Lampen lachte wieder.

... oder, führte ich meinen Gedanken weiter, um die Situation schnellstmöglich zu beenden, *ich stell' mich mit dem Ding kurz unter die heiße Dusche und wir gucken, ob sich die Baumwolle noch ein bisschen anpasst.*

Schweigen.

Klar, könnte sein, dass der weiße Stoff dabei etwas durchsichtig wird, brainstormte ich, a*ber bevor ich auf dem Foto scheiße aussehe ... wie jemand, der nicht weiß, was ihm passt und was nicht ... und euer Melonen-Ding nicht funktioniert ... und das Ganze hier heute Morgen umsonst war ... wäre mir ein bisschen durchsichtig dann auch egal.*

Schweigen, nur der Armleuchter mit den Lampen kicherte.

Ich könnte mir sogar vorstellen, dass der Busen dadurch plastischer wirkt und der Bikini nicht so krankenhausmäßig ...

Man konnte sehen, wie es in Toms Matschbirne begann zu rattern.

Und dann, creativ directete ich noch hinzu, *würde ich vorschlagen, ihr macht das Foto gleich hier vor der Damendusche mit dem Schild im Hintergrund, dann macht das Bild wenigstens irgendwie Sinn.*

Ja ... genau ... vor der Damendusche ... Mit dem Schild ... ja ... Wollte ich eh hier machen ..., meinte Tom, und Paula guckte auf die Uhr.

Okay ihr Lieben, ihr kommt klar, ich muss zurück in die Agentur. Muss bis Montag noch zwölf Blondinen für einen DJ-Bobo-Clip organisieren. Bussi! Annika, dich küss' ich lieber nicht ...

Und weg war sie.

Die Foto-Assistentin begleite mich in die Damendusche. Hier war die Luft so dick wie Brühwürfel. Ich stellte mich unter eine der von der Decke hängenden Brausen und hielt mich an einer Seifenschale fest, die an die erbsensuppengrüne Kachelwand geschraubt war.

Hnmnmmgh ...!

Jetzt bloß nicht kotzen!

Kreislauf!

Totale Entkräftung, obwohl noch kein einziges Bild geschossen wurde.

Sich pragmatisch aufzuregen ist nämlich mindestens so anstrengend, wie aus voller Brust kreischend ein komplettes Teeservice an die Wand zu schmeißen; nur nicht so befreiend.

Definitiv nichts, was man tun sollte, wenn man eine dehydrierte Elektrolytenwüste ist. Ein Zwieback im Bauch ist dafür einfach keine Grundlage.

Mir wurde es weiß vor Augen.

Das Bikinioberteil durchsichtig.

Taumeln.

Annika, pass auf, Tom hat gesagt, deine Haare sollen nur an den Spitzen nass werden!, rief die Stimme der Assistentin durch das prasselnde Wasser.

Zurückkommen.

Zusammenreißen!

Mit noch nicht vollständig hergestelltem Sichtfeld und Kribbeln in den Unterarmen fand ich mich vor Toms Linse wieder.

Der Stoff des Bikinioberteils ließ sich jetzt links und rechts über die hervorquellende Brust ziehen, was die Melonen etwas runder machte.

Allerdings schimmerten, wie erwartet, meine Brustwarzen durch die Baumwolle. Und wegen der heißen Dusche waren die eher flächig als hart.

Es ist ja auch nicht an den Nippeln herbeigezogen, dass man Busen eher in kalten Räumen fotografiert. Klar gibt es noch den alten Trick mit dem Reinkneifen, aber mir vor Matschbirnen-Tom und seinem Lampenhirni an den Brüsten rumzuspielen, um daraus echte Goldidee-Feinkostmelonen der Güteklasse 75 F zu machen, danach stand mir nicht der Sinn. Schließlich schossen wir hier ja auch nicht den Pirelli-Kalender.

Ich hatte anderes zu tun:

Stehen bleiben.

Den Sauerstoff aus der Hühnerbrühe filtern.

Nicht umkippen!

Gar nicht einfach.

Dann Filmwechsel.

Sagt mal, habt ihr hier vielleicht einen Stuhl, auf den ich mich kurz mal setzen kann?, fragte ich, *mir ist nämlich gerade ein bisschen …*

Tssss, … also, dafür haben wir jetzt echt keine Zeit mehr, antwortete Tom genervt, und die Assistentin fügte hinzu: *Der Spargel wartet auch schon die ganze Zeit in der Sauna.*

Tom fotografierte weiter.

Kalter Schweiß!

Melonen mit Schüttelfrost!

Spargel in der Sauna!

Hnmnmmgh …!

Hnmnmmgh …!

Ich merkte, wie sich der Zwieback aufs Bild mogeln wollte. Er guckte schon fast in die Kamera. Jetzt half auch kein Pragmatismus mehr: Ich konnte nicht mehr stehen! Mit butterweichen Spargelknien eierte ich aus dem Bild, rüber zu einem Haufen am Beckenrand liegender Schwimmnudeln und sackte darauf zusammen.

Einatmen.

Ausatmen.

Einatmen.

Den Zwieback bezwingen.

Ausatmen.

Und wieder ein.

Durch einen weißen Kreislaufschleier sah ich etwas auf mich zukommen. Eilig kam es näher. Es schlurfte. Ich erkannte die Latschen meines Scharadekumpels!

Junge Frau, is' Ihnen nicht jut?

Danke, geht gleich wieder ... Habe hier gerade nur kurz so'n kleines Kreislaufproblem.

Wollen Se sich vielleicht auf die Erste-Hilfe-Liege im Bademeisterraum legen?

Schon gut, danke für das Angebot, ein anderes Mal gerne ...

Einfach so hier am Beckenrand rumliegen lassen, kann ick Sie aber auch nicht. Zeigen Se mal Ihren Puls.

Ich spürte seine warmen, prankigen Finger nach meinem Handgelenk greifen. Seine Armbanduhr tickte wie das Mantra einer Zeit, die von der Gardauer eines in der Sauna sitzenden Spargels unberührt blieb. Irgendwie beruhigend. Außerdem schien der Geruch von Old Spice, welcher sich nun über mich und den Schwimmnudelhaufen ausbreitete, nicht nur den Zwieback in seine Schranken zu weisen, sondern wirkte auf meinen Kreislauf belebend wie Riechsalz und animierte mein Blut, wieder zurück zum Herzen zu fließen.

Nach ein paar Minuten ging es wieder.

Sind Se sich da wirklich sicher?, fragte der Bademeister.

Eigentlich war ich das natürlich nicht wirklich.

Aber es musste ja. Auch wenn die ganze Geschichte hier natürlich so gar nicht ging.

Nach zwei weiteren Filmen waren meine Melonen im Kasten.

Alles klar, sagte Tom, *mit den Melonen sind wir durch,* und der ironische Applaus des Lampenhirnis hallte über den Wasserspiegel.

Dann jetzt schnell rüber zum Spargel!

Geschäftiges Equipmentgepacke.

Du, äh ... wie ist das jetzt eigentlich, fragte ich Tom, *bekomme ich das Geld von dir oder macht das deine Assistentin?*

Birnen-Toms Augen wurden groß wie Datteln: *Wie jetzt ... Geld?!*

Na ja, Paula hat gesagt, ich bekomme 150 Mark.

Davon weiß ich nichts.

Das war aber so abgesprochen. Ich lasse hier doch nicht umsonst meine Brüste fotografieren ...

Tom brüllte rüber zu seiner Assistentin: *Rufst du mal bitte ganz schnell Paula an!*

Sie gehorchte und hängte sich ans Handy, während Tom mit knallroter Kochbirne weiter seine Kameratasche packte und ich mir fest vornahm, eine harte Nuss zu sein und nicht ohne die Kohle nach Hause zu fahren. Denn das war ich meinen Brüsten schließlich schuldig. Für 'n Appel und 'n Ei zu Melonen gemacht zu werden war schon eine echt fragwürdige Aktion gewesen. Aber dem Appel und dem Ei dann auch noch hinterherlaufen zu müssen, vielleicht noch bis in Paulas Agentur, um mich dort, im Schatten eines überdimensionalen leeren Hundekörbchens, weiter von ihr vollquatschen zu lassen, kam ja wohl überhaupt nicht in die Tüte. Melonen heute 75 Mark pro Stück! Darauf würde ich bestehen.

Mailbox!, rief die Assistentin.

Tom fluchte: *So eine Scheiße! Jetzt zerschießt mir Paulas Payroll-Hinundhergeschiebe auch noch endgültig den Schedule!*

Also ich habe vorhin die letzten zwei Hunderter vom Modelbudget dem Pflaumenmädchen gegeben, erklärte die Assistentin und wedelte dazu demonstrativ mit einem Klemmbrett, an dem ein Kuvert befestigt war.

Tom guckte zu ihr rüber und schlug sich an die Stirn.

Interessant, bemerkte ich, *Pflaumen sind also teurer als Melonen, verstehe, verstehe ...*

Aber keiner lachte. Nicht mal der unterbelichtete Typ mit den Lampen.

In mir kochte wieder der Pragmatismus hoch: *Also, wenn ihr jetzt hier kein Geld habt, schlage ich vor, wir fahren einfach zu einem EC-Automaten ...*

Hier fährt jetzt keiner irgendwohin, keifte Tom. *In zwanzig Minuten ist hier Frühschwimmen, und ab dann kostet das Overtime! Wir müssen jetzt sofort den Spargel schießen!*

Zwanzig Minuten ... alles klar, sagte ich, *ich muss mich ja eh noch umziehen. Dann können wir ja den Spargel auch gleich mitnehmen. Frag den doch mal, was der so bekommt ...*

Tom griff genervt seine Tasche und verließ die Halle Richtung Sauna.

Am Ende hat die Werbeagentur ihren Preis für Kreativität bekommen und ich aus einem EC-Automaten die 150 Mark.

Auf dem Foto sieht man meine Brüste in einem durchsichtigen Bikini, der nicht passt, und darüber, halb im Anschnitt, mein Magen-Darm-Gesicht kurz vor der Ohnmacht.

Fotos von meinen Brüsten gab es nie wieder, egal wie tot die

Möpse der Casting-Agentinnen waren, allerdings mit Apfelkuchen in den Händen stehe ich bis heute auf Partys immer
wieder gerne ein bisschen blöd in der Gegend rum.

Alles macht schließlich irgendwann mal Sinn. Und was das
Melonen-Shooting angeht, tut es das gerade jetzt in diesem
Moment. Weil eben fiel mir folgender Schlusssatz für dieses
Kapitel ein, und ich war ganz stolz drauf: Gibt dir das Leben
Melonen, mach ein Buch draus.

Eine richtig goldige Idee, oder?

13

Busenbegriffe begreifen, Vol. 1

Brüste und Münder passen eigentlich von Natur aus gut zusammen. Aber das Verbindende sind leider oft nicht die Worte, die Münder über Brüste sprechen. Brüste müssen sich einiges anhören. Und große Brüste noch mehr. Zum Beispiel:

Airbags – Eine Busenbezeichnung, die nach Auffahrunfall klingt. Vorsicht im Verkehr!

Äpfel – Kling nach Ernte und zugreifen und, aua, zubeißen sowie nach Verheißung, Versuchung, Paradies.

Augen – Ein Busenwort, das inkontinentes Glotzen entschuldigen will. Eine Glotzprojektion sozusagen, nach dem Motto: Hör auf, mich mit deinen Brüsten die ganze Zeit anzustarren!

Bälle – Erinnert an Mannschaftssport und stinkt ziemlich nach Umkleidekabine.

Balkon – Wer sich zu weit rauslehnt, der fällt vorne über. Aber, wie heißt es so schön: Lieber vorbeugen, als auf den Balkon kotzen.

Ballermänner – Warum denn Männer?! Brüste sind doch weiblich!

Ballons - Klingt nach noch nicht geplatzten Träumen und erinnert mich daran, wie ich an meinem fünfzehnten Geburtstag auf der Straße von einem älteren Herrn angesprochen wurde: Er wäre ungemein von meinen Ballons begeistert und wolle mich auf einen Kaffee einladen. Einen Moment lang wusste ich gar nicht, wie der Herr das meinte. Woher wollte er wissen, wie meine Ballons aussehen? Die lagen schließlich neben dem Kuchen und den Geschenken von meiner Mutter dekoriert auf meinem Geburtstagstisch zu Hause. Aber als ich dann merkte, wo der Pneumatikfreund hinguckte, wurde mir doch alles ziemlich schnell klar, und aus seinem Kaffee wurde nichts.

Berge - Benutzen immer Typen, die von Besteigung träumen.

Beulen - Aua!

Beutel - Ein Busenwort, dass wohl nie nett gemeint ist, denn es klingt leer und schlaff und zielt ganz klar unter die Gürtellinie. Eigentlich ja genau dahin, wo der Mann seinen Beutel hat.

Big Macs - Ist irgendwie albern und unappetitlich. Grapschen to go oder was?!

Charakter - Eine Bezeichnung, die eigentlich nicht so weit hergeholt ist, wenn man bedenkt, an wie viel Blödsinn man mit (großen) Brüsten zwangsläufig täglich wachsen muss.

Dickmanns - Siehe Ballermänner.

Die Zwei – Roger Moore und Toni Curtis unter nur einer Bluse? Wow, warum nicht ...?!

Dinger – Eine Busenbezeichnung, die von Männern oft in Situationen unfassbarer Begeisterung verwendet wird. Das Unbegreifliche soll dingfest gemacht werden. Wenn Frauen das Wort benutzen, wollen sie sich damit von ihren oder anderen Brüsten distanzieren. Beides tut manchmal ganz gut.

Doppel Whopper – Siehe Big Mac.

Dutteln – Klingt nach Mundart. Und Mundart und Brüste ist immer eine Geschmackssache.

Ernie und Bert – Seinen Brüsten Namen zu geben war irgendwann mal in. Es heißt, in den Neunzigern hätte das sogar das Dr.-Sommer-Team der *Bravo* jungen Mädchen empfohlen, um sich dadurch mit ihren Brüsten besser anfreunden zu können. Und, was soll ich sagen, Mist!, ich hab's natürlich wieder nicht gelesen! Total vercheckt: Weder meine linke noch meine rechte Brust besitzt bis heute einen Namen. Ohne eigene Identität fristen sie ihr Dasein in meinem BH, einfach nur als Teil von mir. Und falls sie mal ausbüxen würden, wüsste ich gar nicht, wie ich sie rufen sollte. Brüüüüüüüüüsteeeeee!!!!! Kommt zurüüüüüüück!!!!! Brüüüüüüüüüüüüüüsteeeee!!!!! Nachher kommen dann noch ganz fremde Brüste angehopst, und ich müsste, um meine Brüste wiederzufinden, Vermisstenzettel an die Bäume hängen. Schrecklich! Dafür gaben in den Neunzigern aber viele Männer ihrer Hand (je nachdem der rechten oder der linken ...) den Spitznamen Pimmela, ... äh Pamela. Und Pamela Andersons Brüste wiederum heißen angeblich Ernie und Bert. Da schließt sich der Kreis. Die von Heidi Klum heißen Hans und Franz, die von Brigitte Nielsen Susi und Cindy, Scarlett Johansson spricht von ihren Mädchen, und meine Freundin Ute (Körbchengröße 80 D) nennt ihre Brüste Hanni und Nanni.

Euter – Eine Bezeichnung, die versucht, die Frau zum Nutztier zu machen. Ein nicht so schönes Wort, dabei liebe ich Kühe.

Fickeuter – Macht das Wort Euter auch nicht gerade besser.

Fettbeulen – Unmöglich!

Fleischbälle – ... also irgendwie sind die F-Worte immer die fürchterlichsten.

Gazongas – Erinnert mich an den Film Steinzeit Junior. Der war lustig!

Gehänge – Siehe Beutel.

Glocken – Klingt, als hätte einem die Stunde geschlagen.

Granaten – Klingt scharf und gefährlich. Alle in Deckung!

Gummigeschosse – Ein Wort, das nur zu Silikonbrüsten passt, wenn überhaupt.

Hauttaschen – Frechheit. Siehe Beutel.

Hell's Bells – Yeah, hell's bells. You got me ringing, hell's bells. Der Song ist zwar von der ersten Platte ohne Bon Scott, aber ich schwinge meine Brüste gerne zu AC/DC!

Holz vor der Hütte – Gaaanz alte Schule.

Hügel – Wie Berge, bloß für Höhenängstliche.

Hupen – Ein Wort, das immer Aufmerksamkeit erzeugt. Aber bitte nur außerhalb geschlossener Ortschaften benutzen!

Igittigitts – Pfui! Das sagt man wirklich nicht!

Insel mit zwei Bergen – Jim Hosenknopf lässt Dampf ab.

Kopfkissen – Eine Busenbezeichnung, die ganz klar das Bedürfnis nach Kuscheln kommuniziert. Aber egal wie groß der Busen ist: Sogar der leerste Männerkopf kann schon während eines kurzen Nickerchens ganz schön schwer werden ... Autsch! Böses Erwachen.

Klötze – Eigentlich ein viel zu eckiges Wort für Brüste. Allerdings weiß ich aus sicherer Quelle, dass mein Onkel die Brüste meiner Tante immer »meine braven Klötzchen« nannte. Und Tante Helgas Brüste, die waren wirklich alles andere als eckig.

Kugeln – Klingt rund, aber auch nach Kegelabend.

Lampen – Keine besonders helle Wortkreation.

Leckermänner – Siehe Ballermänner.

Lollos – Erinnert mich an Lollo Ferrari, das französische Silikonbusenwunder, das, wie es heißt, im Jahr 2000 im Schlaf unter dem Gewicht ihrer fußballgroßen Brüste erstickt ist. (Die genaue Todesursache konnte nie ermittelt werden.) Ein eher tragisches Wort für Brüste also.

Lustbeulen – Siehe Beulen.

Lutschis – Muss man drauf stehen. Sonst eher ekelig.

Mäusefäustchen – Klingt für mich süß, aber wahrscheinlich nur, weil ich ja diese Gorillafußfäuste habe. Für Frauen mit kleinen Brüsten sicherlich nicht cool.

Max und Moritz – Siehe Ernie und Bert.

Melonen – Schwer und lecker, aber irgendwie auch ordinär.

Milchbar – Mit diesem Wort ist mir mal Folgendes passiert: In einem Club in London wollte ich gerade Drinks für meine Freundin Jenny und mich besorgen, aber es gab totales Gedrängel am Tresen. Kein Vor, kein Zurück, und plötzlich stand dieser bescheuerte Anzugstyp neben mir, hielt sein leeres Bierglas unter meine Brust und sagte zu seinem Kumpel: »Wenn das hier so lange dauert mit dem Bier, zapf' ich mir halt was von der Milchbar ab.« Das waren Deutsche auf Geschäftsreise, dachten, dass ich kein Wort verstehe. Heute fallen mir natürlich Tausende von Verbal-Knockouts ein, die ihn zu Hüttenkäse hätten werden lassen ... Wie leid es mir tut, dass seine Mama vergessen hat, ihm das Nuckelfläschchen einzupacken, No Milk Today, du Hirni! und so weiter. Aber in diesem Moment stand ich voll auf dem Schlauch und sagte nichts. – Das Blöde an Blödheit ist, dass sie einen, wenn man unerwartet auf sie trifft, erst mal selbst blöd dastehen lässt. Blöd!

Milchtüten – Eine Busenbezeichnung, die wohl nur Leute benutzen, die nicht damit klarkommen, dass sie nicht gestillt wurden. Das Wort gehört wirklich in die Mülltüte!

Mimmis – Ba Ba Babysprache.

Möppler – Das Wort habe ich zum ersten Mal von Daniela Katzenberger gehört, als ich sie auf Mallorca für eine große Zeitung interviewte. Zur Begrüßung sagte sie: *Hi, ich bin die Dani, hast du auch Silikonmöppler?* Das fand ich witzig!

Möpse – Impliziert, dass Brüste lebhafte Begleiter sind, die manchmal zu Übergewicht neigen und schnarchen. Ersteres kann ich bestätigen.

Mümmelmänner – Ja, ist denn heut' schon Ostern?!

14

Auf die Brüste, fertig, los!

Ich renne aus Prinzip nicht. Es sei denn, ein Leben ist in Gefahr. Wie soll ich auch die Beine in die Hand nehmen, wenn ich dafür erst mal die Brüste festhalten müsste?! Zum Rennen habe ich einfach keine Hand frei!

Wenn man große Brüste hat, ist es nicht leicht, sich mit ihnen auf eine Sportart zu einigen. Denn das müsste schon eine Sportart sein, die nichts mit Laufen, Rennen, Hüpfen, Springen, Vorbeugen, Auf-dem-Bauch-Liegen oder Rumschleudern zu tun hat.

Dann sagen immer alle: *Geh doch schwimmen! Das ist auch gut für den Rücken.* Aber mit 75 F und Bademode ist das so eine Sache. Und abgesehen davon finde ich es schon relativ gruselig, dass mir beim Rückenkraulen unmittelbar unterhalb des Kinns immer diese zwei aufdringlichen Riesenzwerge mit Badekappen hinterhertauchen. Außerdem kommt man mit großen Brüsten nicht mal sportlich in das Becken. Ich muss immer die Seniorenleiter nehmen, weil selbst ein perfekt ausgeführter Köpper ein Brustklatscher wird. Schwimmen fällt also ins Wasser.

Und sicherlich ist Aquafitness toll, weil der Körper dabei schwerelos ist und der Wasserdruck das Bindegewebe stützt, aber wenn man währenddessen aussieht, als hätte man sich zwischen zwei Bojen verheddert, aus denen man nun versucht, sich armerudernd und beinestrampelnd zu befreien, bleibt kein Auge trocken.

Ich habe wirklich viele Sportarten ausprobiert. Aber die meisten waren einfach nicht brusttauglich:

Beim Rudern stieß ich mir die Brüste an den Knien, beim Fahrradfahren am Lenker, beim Rollerbladen hatte ich einen beängstigenden Drall nach vorne, genauso wie beim Skifahren, beim Judo bot ich zu viel Angriffsfläche, beim Volleyball pritschte ich mir aus Versehen immer die eigenen Bälle, im Tennisdress sah ich aus wie eine Pornokrankenschwester, beim Eiskunstlauf bohrten sich meine Schlittschuhkufen aufgrund von zu viel Schwungkraft bei jeder Pirouette tief ins Eis, beim Windsurfen gab's Schlagseite, und beim Segeln ist zu viel Bug an Bord ein echtes Manöverrisiko.

Segeln mit Brüsten
- EINE GEFAHR FÜR MANN UND MAUS -

Ich weiß nicht mehr genau, ob es damals meine Backbrust oder meine Steuerbrust gewesen ist, die uns in die Havarie brachte. Auf jeden Fall hatte Neptun an diesem Tag nicht seine glitschigen Finger im Spiel. Nur ich meine gewaltigen Schiffsglocken. Mit der Pütz in der Hand war ich gerade dabei, Wasser aus unserer Jolle zu schöpfen. Das moderige, süße Wasser des Stößensees. Wir kreuzten Richtung Grunewald und machten gut Knoten. Der Wind stand stramm im Segel, das Ufer schien in weiter Ferne, und die Pommesbude der Segelschule Klabautermann war nur noch ein marineblauer Punkt hinter uns. Glitzernde Wellen jagten und rasten um uns herum wie junger, verrückt gewordener Thunfisch. Und fast hätte der Horizont mich die Enge meiner beklemmend zu kleinen Schwimmweste vergessen lassen.

Alles klar zur Halse!, rief Sille, die Steuerfrau, durch die Bö, deren Vater die Idee für den Segelkurs gehabt hatte, der uns lehren sollte, dass die Punks am U-Bahnhof nicht die große, weite Welt bedeuteten. Und ich, die Vorschoterin, schmiss die Pütz in den Bug und antwortete aus voller Brust, ganz so wie wir es im Theorieunterricht gelernt hatten: *Ist klar! Fock fällt!* Und dann ging alles ziemlich schnell: *ANNIKAAA, PASS AUF!!!! DER GROßBAUUUUUUM!!!!* Unkontrolliertes Schwenken des Segels. *ANDERE SEIIIITEEE!!! NEIIIIIN, NICHT DIE!!!!* Plötzlich war überall nur noch Tuch. *SCHNELL, DUCK DICH!!!* Ich schmiss mich zur Seite. Versuchte, dem rasselnden Segel und seinem Gestänge auszuweichen. Beugte mich mit meinem Oberkörper weit über die Reling. Ganz weit. Zu weit. Und, patsch patsch, wir waren gekentert.

Seemannsgarn? Nein, die Legende von Mopsy Dick.

Heute mache ich Pilates. Das ist ein toller Sport, auch für Frauen mit großen Brüsten. Beim Pilates gibt es kein Rennen, kein Hüpfen, keine bekloppten Klamotten, die einem vor unausweichlichen Wandspiegeln das Selbstwertgefühl abtrainieren. Dafür ist Pilates aber effektiv für die geistige Steuerung des Körpers und die Haltung. Wenn man schon nicht rennen kann, ist es wichtig zu wissen, wie man steht. Gerade mit großen Brüsten.

*Busen ist das,
was passiert,
während du dabei bist,
andere Pläne zu
machen.*

15

Never mind the Booblooks

Pierre Cosso hieß jetzt Sid Vicious. Mein Kaninchen Virginia war reinkaniert als Punk-Ratte Rudi und kackte mir auf die Schulter meiner zerrissenen Domestosjeansjacke. Meine Brüste waren weiter- und weitergewachsen und hörten nicht damit auf. Es fühlte sich an, als hätten sie fest vor, eines Tages zu platzen. Mit zwei lauten Knallen. Vielleicht in einer dieser glotzäugigen Menschenmengen oder in der Einkaufspassage vor der Auslage eines Unterwäscheladens. Bämm! Bämm! Vor allem aber terrorisierten sie mich. Sie waren größer als die meiner Mutter. Größer als die meiner Freundin Sille. Und viel zu groß für die Revolution. Sie überschatteten jede Parole, jede Anti-Haltung, jede Provokation. Keiner guckte auf die grünen Haare, die angesprühten Doc Martens mit den roten Schnürsenkeln, die Rattenkacke im Kragen der Jacke, die Sicherheitsnadeln im Ohrläppchen. Mit dem selbstgekritzelten Edding-Anarchie-A auf dem T-Shirt machten meine Brüste einfach, was sie wollten. Und wegen ihnen bedeutete für mich Nevermind the Bollocks eher Nevermind the Booblooks.

Ey, haste ma 'ne Mark für 'ne Dose Bier?

Klar, wenn du mich mal an deinen Milchtüten nuckeln lässt, Baby.

Egal, wie laut wir auf der Wiese vor dem Rathaus die Sex Pistols aus unserem Kassettenrecorder schreien ließen, das Bimmeln meiner Glocken war immer lauter.

Wie soll man sich als Teenager da abgrenzen? Wie soll man

rebellieren, wenn jeder liebevoll inszenierte Schockeffekt verpufft angesichts des naturgegebenen Lockeffekts der Oberweite? Wie Widerstand leisten, wenn selbst der von Anwohnern wegen Ruhestörung gerufene Schutzbeamte es nicht lassen kann, mit glasigen Augen auf meine Brüste zu starren und dabei Junges-Fräulein-hihihi-Zeug zu labern, als hätte er selber gekifft. Wie soll man mit Konventionen brechen, während der Busen Konfektionen sprengt?

Ich war fast vierzehn, meine Brüste passten in keine 75 D mehr und ich nicht in die Welt, die es nur gut mit mir meinte.

Bei Sille war das genauso, bloß dass sie flach war wie ein Brett. Und wenn man sich die beiden Igelschnäuzchen ihrer Mutter anguckte, wurde klar, dass sich das auch nicht mehr groß ändern würde.

Silles Körper war wie gemacht für das Punk-Sein. Wenn sie sich mit den Jungs auf dem Boden des U-Bahnhofs rangelte, sah das verdammt cool aus. Das zerrissene Herrenunterhemd, das sie unter einem quer um ihren Oberkörper gewickelten Patronengürtel trug, rutschte ihr bis zum Oberarm runter, und sie zeigte den umstehenden Kopfschüttlern die kalte und BH-trägerlose Schulter. – Punk sei Dank! Für genau solche Momente sind Jugendkulturen da. Für Momente des Verstehens, dass man ein Individuum ist, aber trotzdem nicht alleine. Ein Outlaw und gleichzeitig Part of the Gang. Das Blöde an Jugendkulturen aber ist: Für große Brüste ist in kaum einer von ihnen Platz. Wie soll man zum Beispiel als Mod-Girl hinten auf einer Vespa GS mitfahren, wenn die Brüste so groß sind, dass man mit den Armen den Fahrer nicht umschlingen kann? Wie soll man eine ernstzunehmende Metalbraut sein, wenn wegen der heavy Oberweite aus jedem Totenkopf-Shirt eins mit Aliengesicht wird? Wie soll man als Hippiemädchen seinen BH verbrennen, wenn ohne ihn alles Feuer fängt? Es ist verdammt schwierig, eine Super-Skaterin zu werden, wenn man die eigenen Füße nicht sieht. Und man kann auch Montag nicht behaupten, das ganze Wochenende durchgeravt zu haben, wenn man wegen des Gewichts seiner Brüste gezwungen war, sie alle halbe Stunde zum Chill-Out auf der Bar abzulegen.

Na gut, in der Gothicszene hätten große Brüste vielleicht eine Chance abzutauchen, weil sich dort ohnehin die eher schweren Fälle tummeln, und bei den Rockabillies sind Pin-Up-Kurven sogar angesagt. Aber wer will denn schon den ganzen Tag Trübsal blasen oder mit einem James Dean unterm Oldtimer liegen und die Ölwanne putzen? Schon alles nicht so einfach. Punk-Sein war auf jeden Fall nicht besonders busentauglich.

Wenn ich mit den Jungs auf dem Boden des U-Bahnhofs gerangelt hätte, in einem zerrissenen Herrenunterhemd, ohne meinen 75-Doppel-D-BH, dann wäre das einfach mal so gewesen, dass sich die Umstehenden auch was darauf geschüttelt hätten, aber ganz sicher nicht die Köpfe. Und davon mal abgesehen, wäre es nie dazu gekommen, dass Krille, Beule und Psycho-Michi mit mir rumgerangelt hätten. Denn innerhalb der Gang waren meine Brüste außen vor. Meine Brüste waren die Outlaws unter uns Outlaws. Es wurde ihnen wohl ein bisschen übelgenommen, dass sie uns immer so querschossen. Dass sie dauernd unser Kaputtmachen kaputtmachten. Das blieb natürlich unausgesprochen, was hätte man dazu auch

sagen sollen? *Ey, deine Brüste sind voll die Kapitalistenschweine!*
Voll Mainstream! Totaler Sexismus-Scheiß! Aber das Gefühl von
Verrat an der Sache schwang immer irgendwie mit.

Also lieber saufen statt raufen. Meine Punk-Action be-
schränkte sich auf Dosenbier, Rattendreck und vor allem die
Musik.

Dann hatte ich Geburtstag. Sille schlug vor, wir könnten
eine Party bei ihr im Keller schmeißen. Da wäre genug Platz.
Denn wie es sich für eine gute, sich auf dem U-Bahnhof rum-
rangelnde Stadtrandpunkerin gehörte, war ihr Vater ein hohes
Tier aus der Wirtschaft und ihre Mutter Teilnehmerin an diver-
sen Seidenmalerei-, Aquarell- und Töpferkursen, und im Keller
der von ihnen bewohnten Architekten-Villa befand sich neben
dem Raum mit den Staffeleien, dem Raum mit den Weinen
und der Sauna mit dem Tauchbecken das große Billardzimmer, wo wir einfach nur den Tisch rausräumen mussten.

Sille sagte allen Leuten von der Rathauswiese Bescheid.

Silles Eltern sagten wir, es kämen Klassenkameraden und
vielleicht noch ein paar aus der F. Und meine Mutter sagte, sie
könne einen Smartieskuchen backen und eine große Schale
Wackelpeter mit Vanillesoße zubereiten, das käme immer gut
an, und die Wackelpeterfarbe würde so witzig zu meinen grünen Haaren passen.

Krille, Beule und Psycho-Michi versprachen, sich um den
Suff zu kümmern.

Und ich kümmerte mich um die Musik, um die Mix-Tapes
Punk-Party I, Punk-Party II und Punk-Party III. Auf dreimal
90 Minuten kompilierte ich das Krasseste, was meine Platten
und Kassetten und die meines Bruders hergaben. Ein Hit jagte

den anderen: »Hey Ho, Let's Go«, »California Über Alles«, »Acharchie in the UK«, »Search & Destroy«, »Kick out the Jams«, »London Calling«. Hauptsache Party! Während ich vor der Anlage kniete, die Lautstärken auspegelte und durch das Genau-im-richtigen-Moment-gleichzeitig-auf-Rec-und-Play-Drücken dafür sorgte, dass zwischen den Songs keine Pausen entstanden, malte ich mir aus, wie ich dazu voll abrasten würde. Zu AC/DC würde ich wild headbangen. Bei den Beastie Boys und Run DMC abspacken. Bei den Ärzten, den Hosen und Slime laut mitgrölen.

Ich rechnete mit einem Moshpit mindestens wie der vor der Bühne von Monsters of Rock. Mit dem totalen Pogokessel, hart aber fair!

Und dann, an der Stelle, wenn auf Seite A von Punk-Party II als erstes Lied der Pre-Punk-Klassiker »Surfin' Bird« von The Trashmen vom *Full Metal Jacket*-Soundtrack losscheppert, *A-well-a everybody's heard about the bird …* CHAOS KOMPLETT!

Der Wackelpeter, ausgekippt auf die Terrakottafliesen! Der Weinkeller, ausgesoffen! Rumgefummel in der Sauna! An der Wand des Billardzimmers: Ein Graffiti! In schnörkellosen Lettern, mit dem Schokoguss des Smartieskuchens geschmiert: FACK THE WORLD!!! Mit einem umkreisten A statt einem U geschrieben! Und die Aquarellserie »Mädchen mit Strohhut«, die Silles Mutter letzten Sommer in den Räumen des Rechtsanwalts- und Notariatsbüros des Tennispartners ihres Mannes ausgestellt hatte, hätte mit Schnurrbärten versehen nun viel mehr Edge und sich so vielleicht sogar verkauft.

Irgendwann später wäre Bela B. noch aufgetaucht. Weil er davon gehört hatte, wie bei mir der Punk abging.

– Hey Annika, krasse Pogo-Party! Wollen wir in der Sauna fummeln?

– Felsenheimer, nein, du weißt doch, ich liebe nur Sid Vicious!

– Okay Annika, das muss ich respektieren, auch wenn es mir mein Rockstar-Herz bricht und ich deswegen die Ärzte auflöse. Überspielst du mir deine Mix-Tapes?

– Klar, Felsenheimer, komm, wir malen Schnurrbärte auf die Mädchen mit Strohhut!

– Okay Annika, schlag ein, ey!

Doch es kam alles anders:

Als von Punk-Party I schon beide Seiten fast komplett durchgespielt waren, hatte noch kein Schwein getanzt. Stattdessen saßen alle im Schneidersitz auf dem Boden und quatschten lahmes Zeug. Den Wackelpeter hatte niemand umgekippt, sondern alle hatten davon gegessen. Und auch der Smartieskuchen war richtig gut angekommen. Die einzigen Besoffenen waren Krille, Beule und Psycho-Michi, weil sie das versprochene Dosenbier und die Flasche Küstennebel schon im Bus plattgemacht hatten *(Is' ja auch voll 'ne Weltreise hier raus, ey, hicks ...)*, und Silles Eltern. Die hatten sich nämlich beim Wein-Nachschub-Holen einfach mal unter die Leute gemischt und waren nun total begeistert von all den *aufgeschlossenen, total kreativ zurechtgemachten, tollen, jungen Menschen, denen ja die ganze Welt noch offensteht.* Und dann begann Silles Mutter auch noch zu Run DMC »Walk This Way« (letzter Song Punk-Party I, Seite 2) etwas zu performen, was aussah wie der Regentanz eines Schamanen, der ganz dringend aufs Klo muss, während Silles Vater jedem seinen alten Parka unter die Nase hielt, als

Beweis, dass er immer noch nach dem Tränengas vom Stones-Konzert 1965 in der Waldbühne roch.

Sille war mit den Worten *Ruf mich, wenn die Spießer wieder weg sind* auf ihr Zimmer abgehauen. Und ich, denn das hier war schließlich meine Party, hielt daran fest, dass es spätestens bei »Surfin' Bird« kein Halten mehr geben konnte, und wechselte die Kassette.

Klack klack.

Play.

A-well-a everybody's heard about the bird …

Fack the world, mit einem umkreisten A, ich tanzte!

Silles Mutter auch.

B-b-b-bird, bird, bird is the word …

Und tatsächlich, ein paar Leute von der Rathauswiese stiegen mit ein. Ging doch! Ich gab alles. Headbangen, mitgröhlen, Pogo.

A-well-a bird, bird, bird, the bird is the word …

Jemand stieß gegen den Klapptisch, auf dem die Schüssel Wackelpeter stand. Ein Dessertlöffel flog auf den Boden. Yeah! Wir hoben ihn nicht auf! Endlich ging es drunter und drüber. Und ich mitten drin.

B-b-b-bird bird bird …

Ich schüttelte meinen Oberkörper wie ein nasser Vogel sein Gefieder. Ich sprang in die Luft. Vergaß alles um mich herum und alles an mir dran.

A-well-a don't you know about the bird …

Ich merkte gar nicht, dass mir bei jedem Hochspringen mein Busen mit wuchtiger Doppel-D-Bewegungsmenge hinterhersprang, … *Well, everybody knows that the bird is the word …* um mir dann, beim Wieder-Runterkommen, klatsch klatsch, zwei kinetische Backpfeifen zu verpassen.

Auch merkte ich gar nicht, dass bei jedem dieser Sprünge einer der anderen Tänzer irritiert absprang. Dass alle, schon ab dem Drum-Solo, von dessen Rhythmus, klatsch klatsch, mich jeder einzelne Schlag voll erwischte, nur noch dastanden und zu mir rüberglotzten. Gebannt von der Frage, wer diese Knock-out-Runde gewinnen würde: meine Brüste oder ich? Klatsch, klatsch.

Pa-pa-pa-pa-pa-pa-pa-pa-pa-pa-pa-pa-pa-ooma-mow-mow-pa-pa-ooma-mow-mow!

Erst als »Surfing Bird« vorbei war, bekam ich wieder was mit.

Nämlich, dass Krille und Beule vor Lachen zusammengebrochen übereinander auf den Terrakottafliesen lagen und Psycho-Michi mit zwei Dessertschalen Wackelpeter vor der Brust um sie herumhüpfte.

Die anderen Gäste fanden das richtig lustig und gaben sich keine Mühe, nicht mitzulachen. Irgendjemand rief: *B-b-b-busenbabule!* Silles Mutter bemerkte, es wäre außerordentlich couragiert, wie ich in meinem Alter schon zu meiner Weiblichkeit stünde, packte ihren Mann samt Tränengasparka und zog ihn mit den Worten *Mund zu, Bernhardt!* aus dem Billardzimmer. Auf Punk-Party II starteten nun die Beastie Boys mit »You Got To Fight For Your Right To Party«, aber ich fühlte mich nicht mehr nach kämpfen.

Extreme Differenzen #1

75 A: Noch mit 21 haben mir alle erzählt, die wachsen noch. Mach' dich nicht verrückt! Du, wirst schon sehen.

75 F: Und ...?

75 A: Nichts!

75 A: Dabei habe ich alles Mögliche versucht.

75 F: Was kann man denn da versuchen?

75 A: Na ja, Biertrinken soll helfen.

75 F: Ups ... Bier, echt ...?! Jetzt wird mir einiges klar ...

75 A: Ja, aber das hat bei mir leider bloß am Bauch gewirkt. Und wenn der Bauch weiter raussteht als der Busen, siehst du einfach nur aus, als wärst du schwanger!

75 A: Dann habe ich mir als Teenie beim Teleshopping mal Brustsaugglocken bestellt.

75 F: Brustsaugglocken, was ist das denn …?!!!

75 A: Das waren so hautfarbene, elektrische Saugglocken, die ein Vakuum erzeugen, was laut Anleitung die Brust schon nach der ersten Anwendung größer machen sollte.

75 F: Gruselig!

75 A: Aber das Dümmste war wohl diese Meditations-CD. Da säuselte eine Männerstimme immer: Legen Sie Ihre Hände auf Ihre Brüste … Sie spüren ein warmes Kribbeln in Ihren Brüsten … Ihr Atem fließt durch Ihre Brüste bis in die Spitze Ihrer Brustwarzen … Beginnen Sie nun, Ihre Brüste zu schaukeln … Fühlen Sie, wie Ihre Brüste lebendig werden …

75 F: Hör' auf!
Bei mir kribbelt's schon!

75 A: Keine Angst, wirkt eh nicht! Kannste
mir glauben …

75 F: Und wenn man die CD rückwärts
abspielt? Vielleicht werden die Brüste dann
kleiner …

75 A: Vergiss es!

75 A: Es stand auch extra drauf, dass es
keine Garantie gibt, dass die Suggestion wirkt.

75 F: Schade!

16

Arschkarte
Busen

Mit großen Brüsten muss man sich viel Quark anhören. Das meiste davon nimmt man sich aber irgendwann nicht mehr allzu sehr zu Herzen. Da schaltet der Ausschnitt automatisch auf Durchzug. In die eine Brust rein, aus der anderen raus. Bei einer Sache allerdings platzt mir immer wieder vor Wut fast der BH: Wenn Leute behaupten, Frauen mit großen Brüsten hätten große Vorteile.

Es heißt dann immer, sie bekommen jeden Job, sie bekommen jeden Mann, sie kommen einfacher durch den TÜV, den Führerschein gibt es geschenkt, Drinks sowieso, Handwerker arbeiten für sie umsonst, vor türaufhaltenden, koffertragenden Kavalieren können sie sich nicht retten und überhaupt läuft ihr ganzes Leben so rund wie das, was sie ja nur hinhalten müssen, um alles zu bekommen, was sie sich wünschen.

Die Wahrheit aber ist, ab einer gewissen Busengröße hat man echt die Arschkarte gezogen: Den Job bekommst du nicht wegen innerbetrieblicher Möpse-Mobbing-Prävention oder damit nicht der Eindruck entsteht, die Chefetage wäre notgeil. Den Mann bekommst du nicht, weil er nicht will, dass jemand von ihm denkt, er leide an einem ödipalen Komplex oder er hätte es sonst irgendwie nötig. Der TÜV-Prüfer prüft anhand deiner Brüste seine Unbestechlichkeit und nimmt es deswegen ganz genau. Der Fahrlehrer will sich gar nicht von deinen Hupen trennen, und der Führerschein wird extra teuer.

An der Bar wirst du zwar schneller bedient, weil sich dein Busen automatisch immer vordrängelt, aber Drinks kosten, was sie kosten, und 'ne Runde blöde Sprüche gibt es gratis mit dazu. Handwerker kommen andauernd bei dir angedackelt und wollen, dass du noch kurz mal was mitfesthältst, aber die Zeit, in der du ihnen beim Sägen mit wippendem Vorbau die Regalbretter gehalten hast, berechnen sie voll mit. Kavaliere trifft man sowieso eher selten, egal ob man einen kleinen oder einen großen Busen hat. Und wenn es im Leben richtig dicke kommt und du wirklich mal gerettet werden musst, checkt das keiner. Denn in die Augen guckt dir ja sowieso niemand, und dein Busen macht eher den Eindruck, als würde es dir zu gut gehen.

Einen großen Busen zu haben ist nämlich so, als würde man immer und überall mit einem riesigen Schild um den Hals herumlaufen, auf dem steht: GEILER TAG!!! MIR GEHT'S HEUTE SO WAS VON BOMBE!!!

Egal, wie es in einem gerade wirklich aussieht.

Egal, ob man innerlich vielleicht gerade in Tränen ertrinkt oder einen das Dasein an sich einfach nur duselig macht.

Ein dickes Dekolleté wird genauso gerne missverstanden wie das Dauergrinsen eines Delfins, der sogar eingesperrt im Betonbecken eines nach Pommesfett und Achterbahnkotze stinkenden Freizeitparks noch aussieht, als würde er das alles super finden. Dabei sagen die Mundwinkel des Delfins gar nichts über seine Laune aus. Sie sind einfach von Natur aus hochgezogenen. So wie meine Brüste groß sind. Und keine Ahnung, was große Frauenbrüste bei Delfinen für Instinkte wecken, immerhin sind sie ja keine Fische, sondern auch Säugetiere, und da wäre eine gewisse Nippel-Affinität zumindest nicht ganz ausgeschlossen, so als spleeniges Emo-Überbleibsel aus guten alten Tümmlertagen ... Aber Menschen verbinden mit großen Brüsten auf jeden Fall immer noch Genuss und Freude, reife Früchte, viel Fickificki, eine fußballmannschaftsgroße Sippe, alle immer satt, das pralle Leben eben, obwohl wir schon lange nicht mehr in der Höhle wohnen.

Evolutionswissenschaftler sind der Meinung, die Verbindung von Brüsten mit der Botschaft von Fruchtbarkeit und sexueller Lust sei so alt wie der aufrechte Gang. In Zeiten, in denen wir noch auf allen vieren bzw. nach vorne gebeugt unterwegs waren und nackt oder in Felle gewickelt am Knochen nagten und Beeren pflückten, war nämlich der Po das erotische Werbeplakat der Frau. Den Po verlor der Ur-Mann allerdings mit seinem immer aufrechter werdenden Gang mehr und mehr aus den Augen, was dazu führte – so die Theorie der Forscher –, dass die Brüste als eine Art Ersatzpo herhalten mussten. Und weil Brüste ja brave Klötzchen sind, nahmen sie ihre neue Zusatzfunktion als Arsch für vorne ernst: Sie ließen das mit der Behaarung sein und wurden größer. Einige, so wie meine, sogar größer als so mancher Po.

Der Busen wurde zu dem, was er heute ist: das Signal für Weiblichkeit, Mütterlichkeit und Lebensfreude.

Kein Wunder also, dass es den meisten Leuten arschegal ist, wenn ich mich hinter meinen prallen Genuss-und-Freude-Fickificki-Melonen auch mal echt scheiße fühle. Für den kleinen Urinstinkt-Menschen in ihnen, ist das total wider die Natur. Uggah, uggah!

Komplett nicht möglich.

Du fühlst dich nicht gut?! – Quatsch, du siehst aus wie das blühende Leben!

Du hast Angst?! – Ha, ha, ha! So eine Powerfrau wie du doch nicht!

Liebeskummer?! – Was für ein Luxusproblemchen für eine, der immer alle Männer hinterherschauen.

Nick Drake und Nick Cave?! – So was hörst du?! Dachte bei dir läuft nur Ballermann-House oder The Queens Of The Stoneage.

Du bekommst nichts runter?! – Würde ich mir keine Sorgen machen. Wie eine, die keinen Appetit hat, siehst du ja wirklich nicht gerade aus.

Du findest deinen Busen zu groß?! – Fishing for Compliments oder was?!

Wie ein Delfin im Freizeitpark?! – Lustiges Beispiel! Check' ich aber nich'!

Es ist schon eine ziemliche Keule, dass mir wegen irgendwelchem Steinzeitzeug bestimmte Gefühle komplett abgesprochen werden. Als könnten Frauen, die nicht flach sind, keine Tiefe haben. Als wäre ihnen jeder Zweifel so fremd wie ein vom Himmel gefallener *Odyssee-im-Weltraum*-Monolith. Als wären sie nicht fähig, ihre Emotionen von Halluzinationen zu unterscheiden.

Das einzige Leid, was man einer Frau mit großen Brüsten tatsächlich gerne abnimmt, sind Rückenschmerzen. Das stößt immer auf wohlwollendes Interesse. Rückenschmerzen sind für die Leute nachvollziehbar. Man wusste schließlich schon vor dem aufrechten Gang:

Groß = schwer = tragen = aua

Nicht übersehbare Körperphysik.

Klar, die Dinger wiegen was. Klar, die BH-Träger ziehen an den Schultern. Klar, muss man aufpassen, dass sich die Wirbelsäule nicht verkrümmt.

Und dann gibt es einen verständnisvollen Blick, vielleicht sogar die ein oder andere Visitenkarte einer Hot-Stone-Massagepraxis und den tröstend gemeinten, alten Quatsch, dass ein großer Busen ja zum Glück vor allem Vorteile habe: *Mit deinem Ausschnitt kommst du immerhin easy durch jede Verkehrskontrolle.*

Alles klar, Herr Kommissar. So was funktioniert vielleicht bei der *Nackten Kanone* oder der *Police Academy*, aber in einer echten Mausefalle oder anderen Situationen, bei denen man auf das Wohlwollen des Gegenübers angewiesen ist, ist ein großer Busen wie gesagt einfach nur für den Arsch. Das Einzige, womit man wirklich immer weiterkommt, das sagt jedenfalls meine Freundin Jojo (Körbchengröße 75 A), ist das Erregen von Mitleid: die Mitleidmädchen-Nummer. Aber für die bin ich nicht der richtige Typ. Mit 75 F auf Mitleid machen käme wie ein schlechter TV-Sketch aus den Achtzigern:

Waaaas, Herr Wachtmeister ...?! Zu schnell gefahren ...? Wiiiirklich ...?! Das hab' ich gar nicht gemerkt ...! Ein Glück haben Sie mich angehalten ...! Was hätte sonst alles passieren können ...! Puh, jetzt hab' ich aber echt 'nen Schock weg ...! Können Sie mir vielleicht eine

dieser goldenen Rettungsdecken um die Schultern legen und mit
Blaulicht vorfahren, damit ich sicher zu meiner armen, kranken
Großmutter komme ...?

Ich könnte mich jetzt seitenlang über Mitleidmädchen auslassen. Die Abteilung, die – wie Jojo – diese Masche nicht nur
bei Verkehrskontrollen durchzieht, sondern immer. Wenn Jojo
sich zum Beispiel auf einer Gartenparty am Dorn einer Zier-
rose eine Schramme am Unterarm holt, wird das Fest augen-
blicklich zum kollektiven Erste-Hilfe-Kurs. Auch das Ich-
will-nicht-darüber-reden-Gesicht, das Mitleidmädchen gerne
aufsetzen, um ihr Süße-du-hast-doch-was-Spielchen zu star-
ten (*Nein-hab-ich-nicht! – Doch-hast-du! – Nein ...! – Aber-ich-seh'-*
doch-dass-du-was-hast. – Ich-will-dich-aber-nicht-volljammern ...),
was locker mal länger dauern kann als eine Runde Zeitlupen-
Monopoly mit einer Schildkröte, beherrscht Jojo perfekt. Und
für sie ist es auch kein großes Ding, bei der Hochzeitsfeier
ihres Ex-Ex-Ex-Freunds den ganzen Abend auf dem Gardero-
bentresen zu sitzen, einen Heulkrampf nach dem anderen zu
kriegen und sich von allen Gästen, inklusive mir, die sich
schichtweise abwechseln, trösten und mit Spatzenlöffelchen
Dessert füttern zu lassen. Dabei ist sie doch gar nicht traurig ...
Sie freut sich doch nur so für das Paar ... Und das Brautkleid ist
so schön ... Japs japs, zitter mit dem Kinn.
　　So was müsste ich mal mit großen Brüsten bringen. Da wäre
aber was los oder vielmehr: gar nichts! Schließlich ist bei
Frauen mit großen Brüsten immer alles tuttifrutti. Und wenn
nicht, dann trotzdem. Da sollen wir mal nicht so tun ...
　　Aber lassen wir das mit dem Auslassen jetzt. Was ich eigent-

lich mit diesem Kapitel sagen will: Große Brüste weinen still, egal wie traurig sie sind. Und das ist nicht okay. Auch an großen Brüsten hängt immer noch ein Mensch. Und wie der sich fühlt, kann man in den Augen sehen. Und die sind weiter oben!

17

Busenkino

Entschuldigen Sie, wir sind vom RBPlus-Regional-Journal und machen einen Bericht über das kulturelle Nightlife von Berlin. Wir drehen hier gerade die Abmoderation, und da habe ich Sie beide an der Bar entdeckt. Würde es Ihnen etwas ausmachen, mit ins Bild zu kommen und mir eine klitzekleine Frage über die Hackeschen Höfe zu beantworten? Das wäre einfach großartig für die Stimmung!

Na ja, ich weiß nicht, sagte ich und blickte auf Flo, der gerade die letzten Schlucke seines dritten Wodka Thais weggeschlürft hatte, auf einer Cocktailkirsche kaute und angestrengt ins Nichts starrte. *Eigentlich sind wir mitten in einem Gespräch ...*

Eben!, ließ die Frau vom Fernsehen nicht locker. *Das fanden wir ja auch so ausdrucksvoll. Wenn man das für die Zuschauer zu Hause einfangen könnte ... Das wäre ganz großes Kino!*

Der Typ hinter der Kamera nickte wie ein Wackeldackel und zeigte beide Daumen hoch.

Ach, neeee! Lassen Sie mal ...

Biiitte!!! Nur eine Minuuute ...!!!!

Flo strich mir über den Ärmel meines royalblauen, maßgeschneiderten Satin-Wickelkleids, das ich extra für heute, unser zweimonatiges Beziehungsjubiläum, anzogen hatte. Dann rollte er ein bisschen mit seinen Bernsteinaugen und beugte sich zu mir rüber: *Weißt du was, ich glaub', die Nummer geht schneller vorbei, wenn wir's einfach kurz machen. Die Alte ist ja vom Fernsehen. Die hat Killerinstinkt und geht sonst nie weg. Und außerdem ist die Kamera echt cool. Mega-Auflösung! Die hab' ich schon mal im Katalog gesehen.*

Wir willigten ein.

Die Frau vom Fernsehen quetschte sich und ihr breites Haifischlächeln zwischen Flo und mich, und fünf Minuten und zwei kurze Fragen später zeigte der Kameramann beide Daumen hoch, und die Abmoderation war im Kasten.

Ganz großes Kino.

Am nächsten Abend bekam Flo einen Anruf von seinem Kumpel Mario. Der konnte sich vor Lachen gar nicht mehr einkriegen. Er lachte und lachte. Wo Flo sich denn bloß rumgetrieben hätte?!! Was für Pornostyles Flo denn plötzlich kicken würde, Alter?!! Und ob Flo noch nie was von der goldenen Regel gehört hätte, sich im Puff nicht filmen zu lassen!!!

Flo war verwirrt, und Mario lachte weiter und weiter und erklärte dabei, er wäre gerade bei seinen Eltern, und seine Mutter hätte auf einmal ganz laut gerufen: *Flo ist im Fernsehen!*

Allerdings hätte man ihn nur ganz kurz gesehen, weil die Kamera sofort auf ein paar riesige Titten in einem blauen Sexbademantel geschwenkt hat, die irgendwas über die Hackeschen Höfe erzählt haben. Der Kopf dazu wäre aber nicht gezeigt worden. Wahrscheinlich besser so, was, hahahaha?!!

Während der ganzen Abmoderation hätte man dann nur noch diese Titten gesehen. Nicht mal mehr die Moderatorin! Und im Abspann wurde immer näher und näher und näher und näher in den Sexbademantelausschnitt gezoomt, bis man nur noch den Busenschlitz gesehen hat. Voll im Makrobereich, Alter!

Seine Mutter wäre etwas empört, weil sie Flo anders eingeschätzt hätte. Aber für Mario wäre das ganz großes Busenkino gewesen, und wenn Flo das nächste Mal in den Puff geht, solle er ihm unbedingt Bescheid sagen.

18

Yo! Popo

Noch mal zurück zu den angeblichen Vorteilen ... Wenn man große Brüste hat, werden einem ohne Frage oft Jobs angeboten, die eher fragwürdig sind.

Die Anfrage aber, ob meine Brüste und ich als Türsteherin eines angesagten Hip-Hop-Clubs arbeiten möchten, und das – yo!, wie privilegiert – ganz ohne Nahkampfausbildung, Menschenhass und schusssichere Weste, passte gerade in mein Leben.

Der Club hieß Big Mama's, und der Chef war der Meinung, meine Oberweite würde seinem Club gut stehen. Und darüber hinaus versprach er sich von meinen Brüsten als Bouncern eine beruhigende Wirkung auf die Leute vor der Tür. Er war überzeugt, dass ein 75 F-Kaliber den Einlass aggressionspräventiver organisieren würde als meine Kollegen Goran, Robert und Alex in ihren schusssicheren Westen.

Weil, wer schon mal in bzw. vor einem richtigen Hip-Hop-Club war, weiß, dass die auf Einlass hoffende Crowd zum größten Teil aus Hobbygangstern und Freizeitkriminellen besteht oder zumindest aus Leuten, die sich dafür halten, und dass dort eine große Klappe genauso zum guten Ton gehört wie die Baggypants zum richtigen Outfit.

In den Neunzigern verstand der Mainstream ja unter Hip-Hop noch so was wie drei Kapuzen-Typen, die um eine brennende Mülltonne stehen, mit dem Kopf nicken und ständig fett sagen. Durchgeknallte Schwarze mit Riesenuhren um den

Hals, die sich so viel Marihuana gespritzt haben, dass sie ihre Turnschuhe nicht mehr richtig zubinden können und ihre Hosen falsch rum anziehen.

Heute ist das alles anders. Mittlerweile ist Hip-Hop Mainstream. Das, was Pop mal war. Heute eine Schulbrotdose ohne Graffiti-Aufdruck auf den Markt zu bringen, wäre wirtschaftlich gesehen der pure Wahnsinn, und wenn Onkel Rainer auf dem Sechzigsten seines Kegelkumpels Hans eine Rede hält, rappt er sie auf einen Beat von Jay Z, 2Pac oder natürlich auf »Türlich Türlich« von Das Bo:

60 Jahre, sicher Dicker, 60 Jahre, alles klar ... Hans, Hans, wir wollen Hans! Was geht'n Alter ...?

Der Einsatz des Busens als Beruhigungsmittel ist im Berufsleben übrigens gar nicht so ungewöhnlich. Meine Freundin Ute (Körbchengröße 80 D) hat sich zum Beispiel lange gefragt, warum ihr Vorgesetzter sie andauernd bittet, ihn zu Meetings mit dem Chef zu begleiten, obwohl sie dort eigentlich nie etwas zu tun hat. Auf der letzten Weihnachtsfeier erklärte er ihr dann feuchtfröhlich, dass durch die Anwesenheit ihrer Oberweite der Obermotz weniger rumbrüllen würde und dass man sein Anliegen auf diese Weise bei ihm viel besser durchbekommt. Glühvino Veritas: Die Firma dankt!

Goran, Robert und Alex waren über die neue Busenpower an ihrer Tür aber erst mal nicht so begeistert. Besonders Alex fand das sogar richtig scheiße. Er hatte von der beruhigenden Wirkung von Busen am Arbeitsplatz noch gar nichts gehört und fürchtete wohl, dass er neben dem ganzen Gesichtskontrollieren jetzt auch noch auf eine blöde Tittentussi aufpassen müsse. Die Tatsache, dass »eine wie ich« in der gleichen Position arbeitete wie er, und das ja »nur« wegen ihren großen Brüsten, ging für ihn überhaupt nicht klar. Schon aus Prinzip nicht. Und das ließ er mich auch spüren.

Vorteile haben ja einen großen Nachteil: Bei allen anderen sorgen sie nicht gerade für besonders gute Laune. Und das gilt auch für die Vorteile, die es gar nicht wirklich gibt. Es reicht schon, dass die Leute nur denken, man hätte es leichter, weil man es größer hat, um einen aus Prinzip erst mal nicht zu mögen. Dem Ausgleich wegen. Muss ja alles schön gerecht und gleich groß sein. Dabei sind Brüste nie gerecht. Und gleich groß sowieso nicht.

Wenn ich Leute reinließ, die stylemäßig nicht passten, aber augenscheinlich einfach nur zwei Barhocker suchten, um Geld für Cocktails auszugeben und ein bisschen rumzuknutschen, beäugte Alex sie den ganzen Abend über, als wären sie Spione vom Ordnungsamt oder andere, wie Türsteher gerne sagen, verabscheuungswürdige Kreaturen. Wenn ich den einen oder anderen Stammgast oder Freund des Hauses nicht sofort aus der Schlange holte, um ihn vorzulassen, weil ich ihn logischerweise noch nicht kannte, sprang Alex, der sich sonst nie von seinem Platz bewegte, wie von der Tittentarantel gestochen auf, um den VIP-Gast augenrollend und kopfschüttelnd an meinen Brüsten vorbei in den Club zu schieben.

Alex war einer dieser Typen, die der Meinung sind, Vergrätztheit wäre keine schlechte Angewohnheit, sondern ein signifikanter Teil ihrer Persönlichkeit. Solche Ekelpakete kennt wahrscheinlich jeder. Aus Angst, im Leben zu kurz kommen, verlieren sie immer wieder die Nerven und nerven rum.

Meistens haben solche Typen Kumpels, die ihr unmögliches Kack-Verhalten chronisch entschuldigen und als witzig verkaufen.

Jaja, der Alex is' halt so!, sagten Goran und Robert. *Da musst du dir nix bei denken!*

Zum Glück hatten die beiden relativ schnell aufgehört, mich aus Prinzip nicht zu mögen, weil sie checkten, dass meine Brüste Teamplayer sind.

Goran fing sogar an, an Entwürfen für eine speziell für meine Oberweite angefertigte schusssichere Weste zu arbeiten, mit kegelförmigen Körbchen aus Metall dran. Die Skizzen, die er mit Kugelschreiber auf Bierdeckel und Flyer-Rückseiten kritzelte, erinnerten für meinen Geschmack zwar ein bisschen sehr an Gaultiers berühmtes Madonna-Bustier, aber Gorans Waffenhändlerfreunde, die er wegen der Produktion eines Prototyps im Balkan kontaktierte, meinten, die Idee wäre ein Knaller und mit Gaultiers eventuellen Plagiatsvorwürfen würden sie schon fertig werden.

Und entgegen aller Vorurteile gegenüber meiner angeblichen Vorteile ging es an der Tür des Big Mama's bald tatsächlich viel gechillter zu. Das konnte selbst Alex nicht weggrummeln, obwohl er es natürlich versuchte.

Breite Schultern und grimmige Miene (wenn auch in Roberts Fall umwerfend aussehend) wecken in Hip-Hop-Hobbygangstern eher den Sportsgeist und den Appetit auf eine ordentliche Portion Beef. 75 F und eine offene Art dagegen machen sie zu peacigen Feier-Gentlemen, sogar wenn die Tür für sie zu bleibt.

Aber nicht, weil Hip-Hopper auf große Brüste stehen und vor meinen deswegen einen auf easy machen wollten, in der

Hoffnung, mich später abzuschleppen. Denn eins ist so sicher wie das Yo! bei MTV-Raps: Hip-Hoppern gehen große Brüste total am Arsch vorbei. Und das kann ich sogar mathematisch veranschaulichen.

Annika hat drei Jahre mit 75 F großen Brüsten in einem Hip-Hop-Club gearbeitet. Sie war die ganze Zeit über Single (Flo mal ausgeklammert) und ist als Sternzeichen Zwilling kein Kind von Traurigkeit (auch wenn immer mit ein bisschen dem Blues natürlich ...).

In diesen drei Jahren hat Annika in dem Hip-Hop-Club insgesamt nur zwei Typen kennengelernt (Robert war leider schon in festen Händen ...), mit denen sie nach Feierabend geknutscht hat.

Daraus ergibt sich folgende Gleichung:

$$2 \cdot \text{:-}^* : 3 \text{ J/YO!} = 0{,}66666666666667 \cdot \text{:-}^*/\text{J} = \text{:-P}$$

In Worten:
2-mal Knutschen geteilt durch 3 Jahre Hip-Hop-Club gleich 0,66666666666667-mal Knutschen pro Jahr!

Ergebnis: <u>Lächerlich!</u>

Und als wäre das allein nicht schon schräg genug:

Die zwei Typen, mit denen ich im Big Mama's geknutscht habe, hatten beide nur ein Auge! Jeweils, meine ich ... Und ich weiß bis heute nicht warum.

Das heißt, ich weiß schon, warum die beiden nur ein Auge hatten (bei dem einem war's ein Dartpfeil, bei dem anderen ein Ast beim Rodeln), aber ich weiß bis heute nicht, warum meine zwei einzigen Hip-Hopper ausgerechnet einäugig waren.

Vielleicht ein abgefahrenes 3D-Ding? Vielleicht kann man, wenn man ein Auge zudrückt, den räumlichen Ausmaßen eines 75 F-Busens besser ins Auge blicken? Sicher jedenfalls kein Zufall, denn mein jetziger Mann sieht auf seinem linken Auge auch nur unklare sieben Prozent ...!

Dass zwischen Einäugigen und mir also irgendwas abgeht, lässt sich nicht abstreiten. Genauso wie es sich nicht abstreiten lässt, dass Hip-Hopper nicht auf Brüste stehen.

Hip-Hopper stehen auf Ärsche.

They like big butts and they cannot lie. All you brothers can't deny: Echte Gees stehen auf bumping Bubble-Butts und nicht auf bouncing Bubble-Boobs!

Und na ja, was soll ich sagen: Mein Po, der ist eher Indie-Disco.

Komplett aus dem Rennen zu sein, aber nicht, wie sonst, wegen einem zu großen Busen, sondern wegen einem zu kleinen Hintern, war für mich echt mal was Neues. Die Zu-viel-Busen-Problematik kannte ich gut. Aber in das Gebiet des Zu-wenig-Arsch musste ich mich erst mal eingrooven.

Und bis dahin kassierten sich meine Körbchen so manchen Korb ein:

– Wow, DJ DoJay spielt Sean Paul und ich hab' Feierabend. Kommst du mit auf die Tanzfläche?
– Äääääähm ... Nö ...

– Hey, wenn du willst, geht dein nächster Drink auf mich. Ich krieg' die ja hier for free.
– Danke! Nice ... Könntest du mir vielleicht gleich zwei klarmachen? Ich glaube, das süße OCB-Promo-Chick in der Hotpants dahinten hat mich gerade ausgecheckt.

– Matrix ...!!! Super, den Film wollte ich auch sehen ... Wir könnten ja vielleicht zusammen ... ?
– Tut mir leid Schwester, ich find dich echt sweet, aber ich steh' halt nur auf Girls mit ordentlich Bass ... du weißt schon ...

Der Po hatte in den Neunzigern noch eine ganz andere Gewichtung als heute. Heute ist das Knatschen der Jeansnähte ja mindestens so wichtig wie das Platzen der Blusenknöpfe und Kurven-Tuning mit Po-Polsterhosen fast schon so alltäglich wie der Wonderbra.

Was heute ein Traumgesäß ist, war früher für eine Durchschnittsmitteleuropäerin noch ein Grund für verzweifelte Trennkostdiäten oder sogar Fettabsaugungen. Und die Fotos, die Popo-Promis heute stolz von ihren prallen Hinterteilen posten, um sie mit der ganzen Welt zu teilen, hätte frau sich früher höchstens als Appetitzügler an den Kühlschrank geklebt. Kein gemeinsamer Mädchen-Klogang war möglich, ohne dass einem vor den Waschbecken links und rechts Pos entgegengestreckt wurden und man besorgten Gesichtern versichern musste: *Nein, der ist nicht fett! Nein, wirklich nicht! Ja, ich würd's dir sagen, wenn ...!*

Aber auch wenn die große Anmache im Big Mama's ausblieb, meine großen Brüste lösten bei den großen Jungs in den zu großen Klamotten schon etwas aus. Und zwar: das ganz große Vertrauen.

Mein Ausschnitt wurde der Club-Kummerkasten.

Jede Nacht hing mir früher oder später einer dieser Jungs mit Baseballmütze, rosa Grass-Augen und Whiskey-Cola-Glas in der Hand an der Schulter und quatschte sich bei mir mal richtig aus. Über Liebeskummer, über falsche Homies und unreale Rapper, die mit gebiteten Rhymes einfach die Plattendeals absahnen, über Gerichtsverfahren, Homegrowing und darüber, dass es ihren Lieblingseistee nicht mehr in den kleinen Dosen gibt.

Und dann, wenn sie sich alles von der Seele gerappt hatten, scratchten sie die Kurve und schlurften erleichtert in ihren blitzblanken Sneakers zurück zum Dancefloor, um an den nächsten freien, shakenden Booty anzudocken.

Die Hip-Hop-Ladys waren mit mir daher auch total entspannt. Sie sahen in meinen vier kleingedruckten Buchstaben keine Competition. Ich war wie die große Schwester, die sie, wenn sie von den kritischen Tagen des Monats überrascht wurden, mal diskret nach einem Tampon fragen konnten, um weiter unbeschwert ihre Kiste schütteln zu können.

Irgendwann wurde mir das Ganze aber mehr und mehr langweilig. Ich begann, viel zu trinken, schließlich bekam ich die Drinks for free, und Alex mit jedem Schluck Gin Tonic im

Dienst höher auf die Palme zu bringen, vertrieb mir die Stunden im Arschabseits.

Auch begann ich, den Club als Location zur Abschreckung nicht abschüttelbarer Busenverehrer zu nutzen. Typen, die nicht locker ließen, Typen, bei denen ich es nicht übers Herz brachte, klar nein zu sagen, und harmlose Psychos, die mich irgendwo mal gesehen hatten und seitdem nach »nur einem einzigen Date, der einzigen Chance, mir zu zeigen, wer sie wirklich sind«, stalkten, sagte ich, sie könnten gerne vorbeikommen. Schließlich hing ich da ja eh die ganze Nacht rum. Und zum Busenfreaksvergraulen war das arschfixierte Ambiente des Big Mama's mit all meinen Kummerkastenkumpels, Tamponschwestern und übellaunigen Türsteherkollegen in schusssicheren Westen einfach perfekt.

Der Bauingenieur, bei dem »es Boom gemacht« hatte, als er neben meinen Brüsten am Kofferband auf sein Gepäck gewartet hatte, der dünne Dichter, der, weil er das Gefühl von Essen im Bauch nicht mochte, sich nur von Nüssen und Beeren ernährte, immer fror und fand, dass ich eine überwältigend warmherzige Ausstrahlung hätte, der Bach'sche Fugen-Pianist mit dem nervösen Blick, an dem meine Brüste auf einer Party wohl mal vorbeigegangen sind und er seitdem gar nicht aufhören konnte, ihnen jede Nacht in seinen Träumen hinterherzuschauen – all diesen Du-willst-bestimmt-zu-Annika-Typen, wie Alex sie gerne nannte, reichte nur ein einziger Abend im Big Mama's, um meine Brüste erst mal aus dem Kopf zu bekommen.

Hip-Hop-Hurra! Das war zwar nicht gerade Fairplay, aber wie gesagt, was ist im Leben schon gerecht? Mit großen Brüsten: Nix. Word!

19

Typus Tittentyp

Manche Männer sind der Meinung, mehr als eine Handvoll sei Verschwendung. Manche Männer nehmen's einfach, wie es kommt.

Und hier geht es jetzt um die Männer, die fest davon überzeugt sind, sie wären für etwas Größeres bestimmt. Ich nenne sie anschaulich mal die Tittentypen, die, die sich mit ihrem Hang zum großen Busen gerne brüsten. Und glauben Sie mir, mit 75 F hatte ich genug von ihnen am Hals.

Willkommen in meiner liebevoll zusammengesammelten Typologie der Tittentypen:

Der tuchfühlige Tittentyp, der keine Gelegenheit auslässt, einen zur Begrüßung zu umarmen, selbst wenn man gerade nur kurz auf der Toilette war.

Der furchtlose Tittentyp, für den es keinen Zweifel gibt, dass er den Busen schon schaukeln wird.

Der direkte Tittentyp, der seine Absichten immer ohne Konjunktiv und Nebensatz formuliert.

Der fachkundige Tittentyp, der sich mit BH-Größen besser auskennt als man selbst.

Der sensible Tittentyp, der zwischen seiner Seele und der Welt zwei warme, weiche Puffer braucht.

Der anschmiegsame Tittentyp, der vom Busen geschaukelt werden will.

Der haptische Tittentyp, der gerne zupackt und dabei manchmal vergisst, dass Brüste nicht aus Hefeteig sind.

Der bissige Tittentyp, der auf Brustwarzen kaut wie auf Hubba Bubba.

Der wollüstige Tittentyp, der sich Brüste gerne prustend ins Gesicht wirft, als wären sie das Wasser eines kalten Bergsees.

Der kultivierte Tittentyp, der sie trunken von all ihrer Wonne betrachtet wie ein göttliches Feuer, das quillt und glänzt.

Der relativierende Tittentyp, der ihre Größe zwar liebt, aber dennoch kleinmacht, weil alles ja bloß eine Frage der Perspektive ist.

Der nuckelnde Tittentyp, mit dem unstillbaren Hunger nach Mama.

Der Tennis-Tittentyp, der beim Sex mit seinen Augen an den Nippelspitzen klebt wie an einem Wimbledon Finale.

Der wringende Tittentyp, der meint, sie trocken würgen zu müssen, auch wenn sie gar nicht nass sind.

Der kommunikative Tittentyp, der mehr mit den Brüsten redet als mit ihrer Trägerin.

Der Groupie-Tittentyp, der gar nicht genug Selfies mit ihnen machen kann.

Der paralysierte Tittentyp, der sich angesichts von Brüsten nicht mehr bewegen kann und nur noch guckt wie ein Reh im Autoscheinwerfer.

Der schwerkräftige Tittentyp, der sie immer wieder anheben und loslassen muss.

Der kurzwellige Tittentyp, der an Brustwarzen dreht wie an einem Radio.

Der Trophäen-Tittentyp, der sie poliert wie zwei Pokale.

Der plastische Tittentyp, der enttäuscht ist, wenn er begreift, dass sie ja einfach bloß echt sind und keinen Cent gekostet haben.

Der ehrfürchtige Tittentyp, dem man fünfmal sagen muss, dass er sie ruhig angucken darf.

Der tiefenberauschte Tittentyp, bei dem man lieber einmal zu viel prüfen sollte, ob er noch atmet.

Der Gruppen-Tittentyp, der seine Begeisterung für Brüste nur innerhalb des dekollektiven Bewusstseins seiner Kumpels zeigt.

Der kopflastige Tittentyp, der Brüste trägt wie Hüte.

Der hellhörige Tittentyp, der Brüste trägt wie Ohrenschützer.

Der züngelnde Tittentyp, der zwischen Reptilien und Säugern keinen Unterschied macht.

Der verkniffende Tittentyp, der im Zwicken einen Zweck sieht.

Der süße Tittentyp, der Brüste am liebsten mit Sprühsahne, Honig oder Schokosoße genießt.

Der flutschige Tittentyp, dem es nicht ölig genug sein kann.

Der Kollisions-Tittentyp, der voll in Fahrt kommt, wenn er sie zusammenstoßen sieht.

Der spanische Tittentyp, der aus welchen Gründen auch immer auf eine Praktik fixiert ist, die für Frauen keinen Sinn macht.

Der sammelnde Tittentyp, der eigentlich gar kein Tittentyp ist, aber dem auf seiner Sex-To-Do-Liste noch das Häkchen hinter »größer-als-Doppel-D« fehlt.

Der Anti-Tittentyp, der Brüste eigentlich hasst, aber sich selber noch viel mehr.

Extreme Differenzen #2

75 A: Immer, wenn ich mich verknalle, habe ich erst mal das Gefühl, ich wäre eine Trickbetrügerin.

75 F: Wieso das denn?!

75 A: Ach, ich will nicht darüber reden.

75 F: Komm schon …

75 A: Ach nein …

75 F: Aber du hast doch davon angefangen …

75 A: Na gut … Okay. Es ist so: Mit meinem Push-up schummle ich mir ja schon so was, was man für einen Busen halten könnte. Aber immer wenn dann beim Knutschen das erste Mal eine Hand in diese Richtung wandert, kriege ich voll die Mogelpackungspanik.

75 F: Glaub mir, seeehr viele Männer stehen auf kleine Brüste!

75 A: Alles klar …

75 F: Doch, so Jane Birkin-mäßig!

75 A: Kann sein, aber als Gerrit zum Beispiel das erste Mal beim Fummeln meinen Push-up in der Hand hatte, sagte er: Du, da fallen jetzt aber nicht gleich Styroporflocken raus, wenn ich dir das Ding ausziehe, oder?! Ich habe gerade erst staubgesaugt.

75 F: Is' doch witzig!

75 A: Ja, sehr witzig … Aber eher für ihn.

75 A: Gerrit hat auch immer gesagt, mit meinem BH wäre das wie mit 'ner Chips-Tüte: Die ist auch immer halbleer, wenn man sie aufmacht.

75 F: Hhmm … Verstehe.

75 A: Soll ich das vielleicht vorher ansagen?! So nach dem Motto: Du, ich muss dir was sagen … Das ist gar nicht mein Busen. Das ist ein Push-up … Du, da ist noch was, da ist nichts …?!

75 F: So was Ähnliches ist mir sogar schon passiert.

75 A: Hä … wie jetzt?

75 F: Erinnerst du dich noch an Didi?

75 A: Der Zweimetertyp aus Amsterdam …?

75 F: Genau. In der Nacht, in der wir zusammengekommen sind, meinte er, dass es da noch was gäbe, was ich unbedingt über ihn wissen müsste.

75 A: Und was?!

75 F: Na ja, dass er Brüste hat …

75 A: Nä!

75 F: Doch.

75 F: Männerbrüste.

75 A: Wie groß?!!!

75 F: Ich würde sagen, ein gutes A-Körbchen

75 F: oder sogar B …

75 A: Krass!

75 A: Selbst dieser Didi hat mehr Busen als ich.

75 A: Das ist sooo unfair!

20

Ruf!
Mich!
An!

In diesem Kapitel geht es um SM. So'n Missverständnis.

In den Neunzigern war das Domina-Ding plötzlich überall. Vorher hat man sich sicherlich auch schon gerne quälen lassen, aber spätestens seitdem diese Busen-Frau im Lederkorsett ganz Deutschland zum Knallen ihrer Peitsche befahl, sie anzurufen, war jede gute Stube ein potentieller Folterkeller und jedes Bügelbrett ein eventuelles Andreaskreuz.

Der *Ruf! – Knall! – Mich! – Knall! – An! – Knall!*-Werbespot lief Nacht für Nacht auf allen Privatfernsehsendern in Dauerschleife, bis die Vögel zwitscherten. Und wenn ich dann morgens um die Ecke kam, um mir mein Neunziger-Jahre-Frühstück zu besorgen (Mozzarella-Tomate-Pesto-Ciabatta und einen Latte Macchiato), war allen Leuten klar: Ich musste eine Domina sein. Denn genauso wie im Mittelalter alle Frauen mit roten Haaren Hexen waren, waren im Zeitalter der Telefonsex-Hotline-Werbung alle Frauen mit dicken Brüsten und schwarzen Klamotten Dominas.

Ruf! – Mich! – An! riefen mir die frechen Türkenboys auf ihrem Schulweg entgegen. *Ruf! – Mich! – An!* raunte es vom Baugerüst. *Ruf! – Mich! – An!* gackerten mir die Praktikantinnen der wie Schimmelpilz die Hinterhoflofts befallenden New-Media-Agenturen hinterher, die nur wenige Jahre später alle Insolvenz anmelden mussten, weil man die ganze mit 25 000 Mark-Webseiten gemachte Kohle für Koks, Sushi und weiße Chill-Out-Loungemöbel verpulvert hatte.

Lernte ich in einer Bar einen süßen Typen kennen, mit dem ich im Gespräch genügend Gemeinsamkeiten fand, um ein bisschen rumzuknutschen, rief er mich danach nicht an, weil ihm seine bescheuerten New-Media-Fuzzi-Kumpels mit ihrem *Ruf! – Sie! – An!*-Running-Gag so sehr auf den Sack gingen, dass er sich doch lieber an eine der Praktikantinnen hielt.

Unpassende Reaktionen war ich gewohnt. Meine Brüste hatten Ende der Neunziger schließlich auch schon ein paar Jährchen auf dem Buckel. Aber dass mir jetzt auch noch unterstellt wurde, ich wäre eine, die nichts lieber tut, als Männern den Arsch zu versohlen, war echt nur noch albern. Wie die Neunziger selbst: eine verkackte Ironie.

Was für ein Käse anzunehmen, ich hätte was mit dieser Lack-und-Leder-Frau Antje aus dem Werbefernsehen zu tun! Ich würde beruflich jedes siebte Ei abbinden und ihm einen Klaps verpassen! Tilli, natürliches Protein in einem Spermafleck? Ja, Sie baden gerade Ihre Latexhände drin.

Bizarre Unterstellung!

Die schwarzen Klamotten trug ich, weil ich annahm, sie machten schlank, nicht als Sado-Maso-Uniform. Und meine Haare waren lang und streng geglättet, weil das cool war und man mit 75 F-riesigen Brüsten keine Rom-die-Frisur-sitzt-Drei-Wetter-Taft-Locken haben kann, ohne auszusehen wie eine wuchtbrummige Wagnerwalküre.

Außerdem, sobald ich den Mund aufmache, verfliegt sowieso jeder Hauch von Dominanz. Wenn ich zum Beispiel meinen Hund rufe, muss ich dabei meine Stimme so verstellen, als wäre ich der Sänger von Rammstein, sonst hört er nicht. Das ist ein Tipp meines Hundetrainers. Er sagt, der Ton gibt das Kommando, und mit meiner normalen Sprechstimme könne ich höchstens Katzenbabys anlocken.

Ich weiß gar nicht, wie oft ich schon den Satz gehört habe, wenn mich jemand zum ersten Mal anruft: *Ach was, deine Stimme habe ich mir aber ganz anders vorgestellt!* Brüste sind ja keine Resonanzkörper. Vielleicht hätte ich für ein Lolita-Hotlinechen dirtytalken können, aber niemals für die Ruf!-Mich!-An!-Nummer.

Und überhaupt, warum Telefonsex plötzlich etwas war, was jeder unbedingt machen musste, wenn er mitreden wollte, habe ich sowieso nicht verstanden. Zu abstrakt.

Allerdings fanden meine Freundin Jenny und ich es ein Wochenende extrem witzig, bei ihr zu Hause rumzuhängen, Gras zu rauchen, Tankstellen-Sekt zu trinken und die Hotlines anzurufen, die für Girls gebührenfrei waren. Die Gespräche mit den Typen, die dafür am anderen Ende der Leitung den Preis eines Latte Macchiato pro Minute abblechten, nahm ihr Mitbewohner mit seinem DAT-Recorder auf. Wir dachten, das glaubt uns sonst keiner. Denn in den Neunzigern waren die Leute so offen für alles, dass es oft schon weh tat und an diesem Wochenende besonders in unseren Lachmuskeln. Offen sein war ganz wichtig. Schließlich stand ja das neue Jahrtausend vor der Tür. Wer wollte da schon ein Normalo-Sexheini sein?! Und wenn das Gebührenfrei-Girl auf der Line eben ihr Lieblingslied braucht, um in Stimmung zu kommen und ihr Lieblingslied nun mal ein Transsylvanischer Militärmarsch ist, den sie volle Pulle aus ihrer Anlage in den Hörer ballern lässt, dann machte man da mit. Der Offenheit wegen.

Tuuuut.

Ansage: *Viel Spaß auf der Walkie-Talkie-Line! Hier kommt dein nächster Gesprächspartner.*

Tuuuut.

Jenny: *Hallo?*

Männerstimme: *Hallo?*

Jenny: *Na ...?*

Männerstimme: *Na ...?*

Jenny: *Hi, ich bin Zsa Zsa ...*

Männerstimme: *Sascha, was ist das denn für ein Name ...?!*

Jenny: *Zsa Zsa ... Den hab' ich mir selber ausgedacht.*

Männerstimme: *Ach so, geil ... Und was machst du gerade ...?*

Jenny: *Ich habe mir meine Lieblingsplatte aufgelegt ...* (Transsylvanischer Militärmarsch dudelt auf 45 Rpm im Hintergrund) *... Und du?*

Männerstimme: *Na ja, äh ... Ich hab meine Lieblingsplatte nicht aufgelegt, habe aber Lust auf ein nettes Gespräch ...*

Jenny: *Gefällt dir meine Musik ...?* (hält Hörer an Lautsprecher)

Transsylvanischer Militärmarsch: *Traaalalalalalalalaaaaa ...*

Männerstimme: *Uieh, das klingt wie türkisch ...*

Jenny: *Nee, das ist transsylvanisch.*

Männerstimme: *Ach so ... Geil!*

Jenny singt den Militärmarsch mit: *Traaalalalalalalalaaaaa ... Da muss ich immer mitsingen ... Übrigens find ich deine Stimme total geil.*

Männerstimme: *Oh, geil ... Meine Stimme?*

Jenny: *Mmmhmm ... Singst du gerne?*

Männerstimme: *Nee, singen kann ich gar nicht ...*

Jenny: *Versuch's doch mal: Traaalalalalalalalaaaaa.*

Männerstimme: *Hähä, weiß nicht ...*

Jenny: *Ach komm' ... Oder sing was anderes ... »Freiheit« von Westernhagen.*

Männerstimme: *Lass uns doch lieber intimer werden.*

Jenny: *Na, dann leg mal los und sei nicht so passiv. Ich will verwöhnt werden ... von deiner Stimme und meiner Lieblingsmusik!*

Männerstimme: *Oh ja, geil ... Und erst mal mit meiner Zunge* (macht Schleckgeräusche).

Jenny: *Oh ja ... Und singst du bitte auch was dabei, sonst kommt's mir nämlich nicht.*

Männerstimme: *Wie ...?! Soll ich jetzt beim Lecken »Freiheit« singen?*

Jenny: *Oh ja, gerne.*

Männerstimme singt: *Freiiiiiheiiiit,* (schleckschleck) *... Freiiiiiheiiiiiiiit,* (schleckschleck) *...*

Jennys Mitbewohner fällt samt DAT-Recorder vor Lachen von der Couch.

Jenny: *Oh ja, mach weiter* (stöhn) *... Kannst du auch was von den Beatles singen?*

Männerstimme singt: *Yesterdaaay* (schleckschleck) *...*

Jenny: *Oh ja* (stööööhn) *...*

Männerstimme singt: *All my troubles seemed so far awaaay* (schleckschleck) *...*

Jenny: *Jaaaahhh ...*

Männerstimme: *Oh, geil ... Ich nehme meinen geilen Schwanz jetzt in die Hand ... Bist du geil ...?*

Jenny: *Nur, wenn du weitersingst ... Noch mal die Beatles, aber diesmal mit einem erotischen Text ...*

Männerstimme singt: *Yesterdaaay ... deine Titten sind so geil this daaay ...*

Jennys Mitbewohner kringelt sich unter dem Couchtisch.

Jenny: *Stöhn ... Oh jaaa ... Bitte sing weiter weiter weiter ...*

Männerstimme singt: *And I will youuu, fick todaaaaaaay ...*

Unser »Telefonsexterrortape« erreichte in unserem Freundeskreis Kultstatus. Auf Partys wurde es immer wieder gerne für die gute Laune eingelegt. Ab einer gewissen Uhrzeit meinten manchmal Leute sogar, darin eine zeitgenössische Kunstform zu hören. Und irgendwann schaffte es das Tape bis aufs Klo eines topangesagten Berliner Hip-Hop-Clubs als Soundinstallation oder – wie man es nimmt – als Pinkeluntermalung.

Und weil die Neunziger wie gesagt eine verkackte Ironie waren und Ironie wie ein Latexhandschuh ist, fühlte sich alles mehr oder weniger gefühlsecht an, aber keiner machte sich schmutzig.

Dass das Domina-Ding nichts für mich war, weder in der Ruf!-Mich!-An!-Theorie noch in der Praxis, war für mich so eindeutig wie die Angebote, die ich in diese Richtung bekam. Und egal wie oft Leute der Ansicht waren, ich wäre eine Domina, weil sie meine Brüste sonst nicht in ihre Hirnschubladen bekamen, blieb ich immer Herrin meiner Vorlieben und ließ mir das nicht einpeitschen.

Menschen können anderen Menschen ja alles Mögliche eintrichtern. Dabei müssen sie bloß hartnäckig sein und es ihnen immer wieder sagen: Mathe ist nicht deins. Sex mit Socken an geht gar nicht. Körperbehaarung ist eklig. Du hast ein Hutgesicht. Gleich wirst du wieder rot. Salat schmeckt doch nach nichts. Du bist eine Domina.

Und, schwupps, quält man sich mit Algebra-Albträumen. Man leidet an chronischer Erythrophobie, der Panik vorm Erröten, und an Vitaminmangel, weil man ja 'ne toughe Schnitzelbraut ist und nicht so'n läppisches Salätchenmädchen. Man unterbricht jeden Quickie, um sich noch schnell die Socken auszuziehen, hält aber die ganze Nummer über krampfhaft mit einer Hand den überhaupt nicht schmeichelhaften Gangsterinnenhut fest. Und täglich blockiert das Bad ein Typ, um sich in unwürdigster Pose mit einem türkisen Einwegrasierer den Sack zu rasieren.

Das Domina-Ding ließ ich mir nicht einreden! Aber man kann mir auch nicht unterstellen, dass ich es nicht probiert hätte. Schließlich weiß ich genau, wo der Sado-Maso-Frosch die Locken hat.

Einmal hatte ich mich nämlich überreden lassen ...

Das war vor Ruf! – Mich! – An!, vor der großen SM-Welle in den Missionarsstellungskuhlen der deutschen Matratzen und vor allem aus einem Grund: aus Mitleid.

21

Big Business

In einem Café war mir eine Domina mit Liebeskummer zugelaufen. Sie hieß Ruby Wozniak, war neunzehn wie ich, und sie tat mir unglaublich leid. Ein paar Wochen zuvor war sie aus den USA nach Berlin gekommen. Wegen einem Typen, in den sie sich unsterblich verliebt hatte. Man muss nämlich wissen: Nach Feierabend sehnt sich selbst die derbste Domina nach Geborgenheit und einer starken Schulter zum Ankuscheln. Der Typ war natürlich DJ, wohnte in Berlin und muss wohl beim Rummachen auf seinem New Yorker Hotelzimmer so was zu ihr gesagt haben wie: »*Pitty that you don't live in Berlin.*« oder »*If you came to Berlin I'd show you around*« oder »*I love your smile. I don't want to leave but I have to catch my plane now.*« Gängiges Far-away-from-home-Bettgelaber also.

Er konnte ja nicht ahnen, dass Ruby Wozniak, die in einem dieser White-Trash-Trailer-Homes aufgewachsen war, mit einer valiumsüchtigen Mutter, die, besessen von der Idee, Ruby zu einem Kinderstar zu machen, ihr ab ihrem sechsten Lebensjahr für ein strahlendes, offenes Lächeln regelmäßig das Schneidezahnfleisch kappen ließ, einer romantischen Einladung nach Woanders, ohne zu zögern, folgen würde. Und als sie dann zwei Tage später von einem Münztelefon am Flughafen Tegel bei ihrem DJ anrief, meldete sich nur sein Anrufbeantworter. Über Tage, über Wochen: *Pick up the phone! Please! Pick up the phone!* Tuuut, tuuut – Not available! Auch als Ruby sich vor seinem Haus in einem Gebüsch versteckte, um ihn abzufangen und zur Rede zu stellen, in der Hoffnung auf ein Happy End, wackelte zwar manchmal der Vorhang, aber er ließ sich nicht blicken.

Nun saß sie in Berlin fest, ohne Kohle, ohne Bleibe, totally lost, und ich konnte nicht anders, ich nahm Ruby bei mir auf.

Wenn sie gerade nicht weinte, schlief sie in der Nische ohne Fenster hinter meinem Wohnzimmer, die eigentlich als begehbarer Kleiderschrank konzipiert war. Die Raumdecke hatte ein geschmacksverirrter Vormieter mit Geschenkpapier verschiedenster Sorte tapeziert; Blumenmuster, Osterhasen, Mistelzweige, Mainzelmännchen. Ruby machte das aber nichts aus. Sie sagte, in den Domina-Studios in New York gäbe es viele solcher kleinen, kinky Kämmerchen, und sie würde sich schon einrichten. Das Klappbett vom Sperrmüll verhüllte sie sich mit einem nachtblauen Satintuch, und einmal fand ich beim Staubsaugen darunter eine Sellerieknolle, die Ruby, wie sie mir erklärte, für eine Glückswurzel gehalten hatte.

Eine Domina mit Liebeskummer ist wie eine Mondrakete mit Heimweh. Wie ein Trillerpfeifenpfiff außer Puste, wie ein flackerndes Licht, ein jasagendes Nicht.

Und was hätte ich sagen sollen, als Ruby mich eines Morgens nach dem Aufwachen mit ihrer schweren amerikanischen Gurgelstimme, die immer ein bisschen so klang, als wäre sie runtergepitcht, darum bat, ihr zu helfen, das Geld für ihr Rückflugticket zu verdienen: Nein?! –Nein, das ging nicht!

Ihr nicht zu helfen, wieder auf die Beine zu kommen, wäre ja wohl geradezu sadistisch gewesen und für immer eine Ruby Wozniak samt Glückssellerie im Schrank aufzubewahren der pure Masochismus! Und weil ich ja nicht auf SM stehe, sagte ich also: *Yes.*

Einen Plan gab es auch schon ...

In New York hatte Ruby als Dominatrix gearbeitet und, wie sie erzählte, jede Menge Dollars damit gemacht. Das wäre eine saubere Sache. Hat mit Sex nicht viel zu tun. Als Dominatrix, wie eine Domina in Amerika heißt, darf dich keiner auch nur anfassen. In den Domina-Studios lautet das oberste Gebot: Sex is not happening! Körperkontakt zwischen einer Domina und ihrem Kunden entsteht höchstens, wenn sie ihn mal als menschliche Fußbank benutzt oder eine anständige Ohrfeige verpasst. Vor allem geht es darum, dass die Domina mit den Kunden macht, was sie will, und auf keinen Fall das, was sie wollen, denn genau das wollen sie. Und da sind der Fantasie keine Grenzen gesetzt.

Manchen Kunden setzte Ruby Kopfhörer mit lautem Industrial Rock auf und ging für eine komplette Stunde aus dem Raum. Andere führte sie an der Leine Gassi wie einen Hund und ließ sie, wenn sie fein artig waren, im Innenhof ein Gummihuhn apportieren oder ein Loch buddeln. Wieder andere ließ sie mit Q-Tipps das Damenklo reinigen, unter ihrer strengen Aufsicht natürlich: *One forgotten Staubkorn and you'll eat the Klopapier you dirty little Wurm!!!* Und ihr Stammkunde, der Polizeichef ihres Bezirks, kam einmal die Woche, um, nur mit einer Windel bekleidet, in einem jumbosized Eimer Popcorn zu hocken, am Daumen zu lutschen und dabei zuzusehen wie Ruby Luftballons aufpustet, bis sie platzen.

Am besten aber liefen die Klassiker: Peitschen, Knebeln

und die Behandlung mit Kerzenwachs. Die ist eine richtige Wissenschaft. Ruby referierte gerne über Hitzegrade und Schmelzpunkte von Brennmassen wie Bienenwachs und Paraffin, von Teelichtern, Grablichtern und den teuren, tropffreien Kerzen mit Härtungszusätzen und deren Vor- und Nachteile. Sie betonte immer wieder, dass Peitschen gelernt sein will. Dass sich eine Domina wie ein Doktor mit der Anatomie des menschlichen Körpers auskennen muss. Dass ich ja no idea hätte, wie verheerend ein wrong treatment, ein falscher Schlag auf die falsche Stelle, sein kann. Never ever auf Organe! Never auf die Nieren! Niemals jemanden knebeln, der Schnupfen hat! Und sie erklärte, dass es in diesem Beruf besonders wichtig ist, auf ausreichende Arbeitspausen zu achten. Einer Domina mit zu vielen Überstunden kann in ihrer Freizeit nämlich sonst schnell mal die Hand ausrutschen. Wenn der Lieferservice-Boy die falsche Pizza bringt oder der Typ neben einem an der Bar mit seinem Bier kleckert. *Paff!* *Das leckst du wieder auf du Schwein!* Ihr wäre es sogar schon einmal passiert, dass sie in der U-Bahn einem Studenten, der ihr arglos den Fensterplatz in Fahrtrichtung weggenommen hatte, voll auf die Brille spuckte. So was von embarassing! Annika, *you got no idea.*

Für das Ticket zurück nach New York benötigte Ruby um die 400 Mark. Sie sagte, das könne sie in einem guten Domina-Studio in New York easy an einem halben Tag machen. Hier in Deutschland aber gäbe es ein Language-Problem. No Deutsch, no Domina! hatte man ihr gesagt, als sie alle in Frage kommenden Nummern aus den Schmuddel-Kleinanzeigen, die sie sich in einer Tageszeitung, wie man es aus alten amerikanischen Filmen kennt, erst mit einem Rotstift eingekringelt und nach und nach durchtelefoniert hatte. Und Ruby fand, das wäre auch nur vernünftig und very professional. Denn wenn der Client ihre Befehle nicht richtig versteht, kann er sie auch nicht richtig ausführen. Dann funktioniert das Ganze nicht. Man kann Überlegenheit nur akzeptieren, wenn man dabei nicht überlegen muss. Missverstanden zu werden ist der größte Mist, der einer Domina passieren kann.

Deswegen war der Plan: Ich sollte ihre Domina-Dolmetscherin sein. Sie würde sich um die Behandlung der Clients kümmern, und ich müsse lediglich dabei sein und übersetzen. Ruby war überzeugt, das wäre die Geschäftsidee. Mit ihrem Knowledge und meinen Knockers würden uns die Kerle die Tür einkriechen. Und überhaupt hätten meine Boobs such a natural dominance. Dominas würden sich für solche Brüste auspeitschen lassen und Stiefel lecken. Sie hätte auch schon ein Studio in Charlottenburg an der Hand, dass an unserer Nummer interessiert sei, und wir machen da einfach mal einen Testlauf, gleich morgen. *Thank you so much, Annika!*

Der Beruf des Dolmetschers erschien mir immer schon sehr ehrwürdig. Im Auftrag der Verständigung und des Austauschs sorgt er dafür, dass die Gedanken und die Worte eines Menschen über seine Sprache hinaus auf andere Menschen anderer Sprache wirken können. Durch ihn werden Distanzen überwunden, und die Welt rückt zusammen. Und ob man als Dolmetscher nun einem Rod Stewart hilft, auf dem damals noch existierenden *Wetten, dass ...?*-Sofa mit schottischen-Fußball-Anekdötchen deutsche Hausfrauen feucht zu machen und dadurch seine Platten zu verkaufen, oder einer amerikanischen Domina, devoten deutschen Männern die Leviten zu lesen, damit sie die Kohle für ihr Flugticket nach Hause zusammenbekommt, ist doch irgendwie das Gleiche.

Mein Problem war nicht die Moral, sondern erst mal viel mehr die Frage: Was ziehe ich als eine Domina-Dolmetscherin an?

Lack und Leder hatte ich nicht.

Zu dieser Zeit stand ich auf die sechziger Jahre, auf die Kinks und The Who, auf Swinging London und die A-Linienkleider der Designerin Mary Quant, der Erfinderin des Minirocks. Natürlich sah ich mit meinen Brüsten in diesem für Twiggy-Mädchen gemachten Style unmöglich aus, aber so was muss man ja erst mal checken ...

Kopfschüttelnd zog Ruby jedenfalls einen Ringelrollkragenpulli nach dem anderen aus meinen Klamotten, die, seit sie und ihr Sellerie in meinem Schrank wohnten, als großes Durcheinander auf dem Boden meines Schlafzimmers lagerten.

You know what, Annika: I'll lend you one of my leather skirts, but we definitely have to find a way to get your boobs dressed.

Ich schlug vor, wir könnten versuchen, aus einem schwarzen Müllsack mit Tesafilm ein Oberteil zu basteln. So Latex-Look-a-like-mäßig.

Aber Ruby hielt die Idee für *kind-a-bullshit*, schließlich wäre unsere Mission no Kinderfasching, sondern serious Business.

Am Ende trug ich zu ihrem knielangen Lederrock und meinen Vintage-Plateau-High-Heels ein bauchfreies, halbtransparentes Top, das Ruby aus einer schwarzen Nylonstrumpfhose kreiert hatte, indem sie die Füße abschnitt und den Zwickel entfernte, so dass ich die Strumpfhose wie ein Oberteil über den Kopf und über meinen 75 F-BH ziehen konnte.

Das kam zwar ein bisschen trashig à la Vampiros Lesbos meets the Spice Girls, aber für den ersten Testlauf fand Ruby es schon ziemlich okay.

Sie dagegen sah aus wie eine frisch in Latex eingeschweißte SM-Superheldin. Wie eine Mischung aus Michelle Pfeiffer als Catwoman und der Goldelse, die auf der Berliner Siegessäule herrscht, in black. Den Reißverschluss ihres pechschwarzen Ganzkörperanzugs trug sie bis unter ihren ebenfalls schwarzen Wonderbra geöffnet, der ihre eher harmlosen Mädchenbrüste auf scharfe Handgranatengröße brachte. Dazu ein Halsband mit Nieten, die Haare glatt runter, das Gesicht kalkweiß gepudert, ganz viel Eyeliner, die Fingernägel blutrot lackiert und in der Hand zwei Profipeitschen, eine aus Leder, eine aus Gummi. – Einsatzbereit.

Um Punkt zwölf Uhr mittags am nächsten Tag standen wir dann so vor der Tür der Adresse, die sich Ruby notiert hatte. Ein Charlottenburger Altbauhaus. Und zu meinem Entsetzen lag es nur zwei Hausnummern neben der Erdgeschosswohnung meiner Tante Helga. So nah, dass Ruby ihr locker von da, wo wir gerade standen und nach der Klingel mit dem Herzchen suchten, die Stiefmütterchen vom Balkonsims hätte peitschen können! Hoffentlich musste Wastel, Tante Helgas Aggro-Dackel, nicht ausgerechnet jetzt Gassi! Wie sollte ich ihr das erklären?! *Ähh ... Hallo Tante Helga ... Ich mach' doch jetzt ein Praktikum als Dolmetscherin im Domina-Studio ... Du weißt schon, äh ... Männer quälen ... Völkerverständigung und so ...*

Zum Glück summte schnell der Türöffner, und wir konnten aus der taghellen Gassi-Gefahrenzone im Dunkel des Hausflurs verschwinden.

Oben im dritten Stock wurde eine Tür geöffnet. Und als wir dort angelangt waren, stand vor uns eine dicke, alte Frau mit aschfarbener Haut in einem verwaschenen Negligé auf Plüschpuschen mit Absatz. – Eine Puffmutter wie aus dem Schmuddel-Bilderbuch.

What the fuck ...! Ohne die Lippen zu bewegen, aber trotzdem so laut, dass es nicht leise war, erläuterte Ruby unser weiteres Vorgehen: *Okay Annika, I don't think that this is the right place. But let's try it!*

Die alte Frau im Negligé stellte sich als Inge vor und musterte uns.

Na schau ma einer guck. Dit sieht ja schon janz jut aus. Schick-schick. (Mit ihrer Zigarette deutete sie auf meinen Busen.) *Dit nenn ick ma Kapital. Du Domenika kannst hier von mir aus gleich einziehen. Aber kommt erst ma rinn, könnta rausgucken!*

Über einen Pfad aus Perserteppichläufern, die meine Mutter für kein Geld der Welt jemals barfuß betreten würde, weil offensichtlich ihr Anteil an Pilzkulturen weit über ihrem Anteil Schurwolle lag, führte uns Inge durch einen mit in Hausstaub panierten Plastikpalmen zugerümpelten Flur, bis in ein Zimmer, in dem drei junge Frauen um einen Kachelcouchtisch herum auf speckigen Sitzgelegenheiten Sekt mit Orangensaft tranken.

What the fuck ...!

So, Mädels, seid schön artig, nehmt euch 'ne schöne Prickelbrause für'n Keislauf, und ick mach Meldung, wenn's losjeht.

Bedient, aber nicht mit Sekt, denn eine Domina im Dienst trinkt nie, setzte sich Ruby begleitet von lautem Latexknatschen und mir auf ein Ledersofa, das aussah wie ein erschossenes Elefantenbaby und auch so roch.

Sie starrte in die Runde. *What the fuck is going on here?!*

Meine Schicht begann: *Und, was geht hier so ab ...?*

Ein in eine Häkeldecke gewickeltes Mädchengerippe antwortete: *Ach, hier bei Inge is voll okay. Schon 'n ganz okayer Puff hier.*

She says this is a quite okay brothel, übersetzte ich für Ruby, und die sagte: *Fuck ...!*

Spricht deine Freundin kein Deutsch?

Ich erklärte den Mädchen, dass Ruby eine seeehr professionelle Domina aus New York sei und ich ihre Dolmetscherin. Das fanden sie interessant. Sie sagten, eine Dolmetscherin hätten sie in einem Puff noch nie getroffen, und ich freestylte, das wäre in den Studios der großen Metropolen mit viel Tourismus total angesagt, und die offizielle Bezeichnung für eine Domina-Dolmetscherin hieße Dolmina. Sie wollten wissen, ob ich mir die Brüste extra für den Dolmina-Job so groß habe machen lassen, und ich erfuhr, dass die anderen beiden Mädchen Prostituierte aus Polen waren, die zwar auch kaum Deutsch konnten, deswegen jedoch noch nie daran gedacht hätten, sich eine Dolmetscherin zu besorgen, aber dafür wüssten sie, wo man sich in der Nähe von Warschau für wenig Geld auch die Brüste so groß machen lassen konnte, von einem richtigen Arzt, in einer richtigen Klinik, mit Medikamenten und sogar Frühstück.

Das Mädchengerippe in der Häkeldecke erzählte, dass sie

schon seit über einem Jahr bei Inge sei und unter anderem auch als Sklavia arbeite. Und, weil ich nicht wusste, was das ist, erklärte sie mir, dass eine Sklavia in etwa das Gegenteil einer Domina wäre, und sie sagte, das sei gar nicht so schlimm, wie es klingt. Nur einmal hätte ein Psycho-Idiot sie gefesselt und geknebelt an einem Bondagehaken an der Decke aufgehängt und dann einfach die Fliege gemacht. Erst drei Stunden später wurde sie von Inge, die ausgerechnet an dem Tag mit ihrer Katze beim Tierarzt war, befreit, und diese Erfahrung sei schon eher nicht so schön gewesen.

Ruby, der ich das alles dolmetschte, sagte dazu gar nichts. Für dieses *incredibly unprofessional Rumpelbuden-Whorehouse* hatte sie nicht mal mehr ein *Fuck ...!* übrig. Auf ihrem sonst immer blassen Gesicht flashte nun ein Warnsystem aus vielen roten Dreiecken, und mit ihren Augen signalisierte sie mir den Abflug. Aber gerade als sie sich mit lautem Latexknatschen aus dem Elefantenbaby erhoben hatte und nach ihren auf dem Kacheltisch abgelegten Profi-Peitschen griff, hörten wir etwas über den Puff-Pilzpfad in unsere Richtung schlurfen: Inges Absatzpuschen.

Domenika und Amerika, los jeht's! Im Spielzimmer wartet jetzt ein Herr auf euch, der jerne ein bisschen behandelt werden würde. Aber lasst ihn schön heil, ja ...!

She says that there is a Gentleman waiting in the other room now who would like to get a treatment.

Okay, let's do it. It can't get any worse.

Abflug erst mal abgebrochen.

Das Zimmer lag direkt neben Inges Eintopfküche. Es war rotgestrichen und roch nach dem Gulasch vieler Jahrzehnte. In der Mitte stand ein Käfig, in der Ecke, vor dem mit einer Leopardenwolldecke verhangenen Fenster, ein Gynäkologenstuhl und daneben eine Arztpritsche, auf der ein Mann saß.

Ein ganz normaler Typ um die vierzig. Ein Typ wie der, mit dem man jahrelang im selben Bus zur Arbeit fährt, ohne es zu wissen. Mit Haaren in einer Farbe, die man nicht sieht. Mit Augen, die es vermeiden, einen anzugucken. Mit einem Körper, an dem man sich nichts merken kann, in Klamotten, die schwiegen.

Unser Kunde! Hilfe!

Mein gerade noch so mutiges Dolmina-Herz rutschte mir aus der umgedrehten Strumpfhose in den geborgten Lederrock. Was zur Hölle mache ich hier eigentlich!? Hätten wir die Kohle nicht irgendwie anders auftreiben können?! Mit Flohmarkt, Kekse an der Tür verkaufen, Leichen waschen, meinetwegen auch als jonglierende Plemmplemm-Pantomime an der Verkehrsampel?! Warum bin ich auf so was vorher nicht gekommen?! Hätte ich Ruby ja wenigstens mal vorschlagen können! Keine Clownsnase der Welt könnte mir jemals ein bekloppteres Selbstgefühl geben als der Quatsch hier!

Und dann auch noch das:

Aus einem blöden Höflichkeitsreflex heraus begrüßte ich den Mann mit einem freundlichen *Guten Tag!,* worauf mir Ruby voller Entrüstung ihre Peitschenstiele in die Seite rammte. Verdammte Kinderstube!

Ein *Guten Tag* im Domina-Studio ist in etwa so unpassend

wie ein Bad-Religion-T-Shirt auf dem Kirchentag oder eine Wildschwein-Salami auf dem Buffet einer Beschneidungsfeier – voll daneben! Mit ernster Miene versuchte Ruby, meinen Freundlichkeits-Fauxpas zu überspielen:

Dafne, tell him to get undressed!

Es ging los.

Sie, ... äh du ... äh ... Moment ...

Ich musste mich erst mal sammeln. Um Zeit zu gewinnen, stakste ich mit dolminatem Plateauschuh-Pathos rüber zum Gynäkologenstuhl und nahm darauf Platz, natürlich mit übergeschlagenen Beinen und, der Lederrock-Hygiene wegen, mit so wenig Po-Auflagefläche wie möglich. Dabei ging ich im Kopf noch mal Rubys Instruktionen durch: Erstens, nicht unsere echten Namen benutzen! Zweitens, niemals den Kunden siezen! Drittens, immer cool bleiben! – Okay.

Miss Desiree sagt, Sie ... äh ... also ... du musst dich jetzt ausziehen!

Der Mann begann sich auszuziehen.

Dafne, tell him to get undressed more slowly!

Miss Desiree sagt, du musst dich jetzt langsamer ausziehen!

Der Mann gehorchte und zog sich langsamer aus. Ein Zeitlupen-Freizeithemd, ein Zeitlupen-T-Shirt und eine Zeitlupen-Jeans, später war er bei seiner beigekarierten Boxershorts angelangt.

Dafne, now tell him to take his pants off veeery slowly!

Miss Desiree sagt – und weil ich den verkackten Anfang wieder raushauen wollte und meinte, mich mittlerweile in meine Rolle eingegroovt zu haben, versuchte ich dieser Übersetzung besonders viel Dolminanz und Nachdruck zu verleihen –

ziiieh'!!! deine!!! Unterhooose!!! jetzt!!! gaaaaaaaaaaaaanz!!!
laaangsaaam!!! aus!!!

Ruby prustete los. Das war wohl ein bisschen zu viel Nachdruck. Explosionsartiger Lachflash! Ruby, die ich, seitdem
ich sie kannte, noch nie auch nur lächeln gesehen hatte, tau-
melte jetzt, sich ihren Latexbauch haltend, einmal quer durch
das Gulaschzimmer, verfing sich dabei kurz in dem Klett-
band einer von der Decke baumelnden Liebesschaukel und
schlug sich mehrmals mit der eigenen Peitsche auf den Ober-
schenkel. Und, das musste man ihrer Mutter und ihrem
Zahnarzt lassen, ihr Lachen war wirklich strahlend und offen
und auch sehr ansteckend. Wir hatten Mühe, uns wieder ein-
zukriegen.

Der Typ gehorchte aber trotzdem. Fast fürs menschliche
Auge nicht mehr wahrnehmbar langsam ließ er seine Boxershorts runter, während wir uns glucksend verlaufenen Eyeliner von den Wangen wischten. Not very professional, aber
sehr funny!

Nackt, nur in weißen Tennissocken, stand der Kunde dann
vor uns.

Keine Ahnung, ob Ruby wegen des Lachanfalls vergessen
hatte, ihm den Befehl zu geben, die Socken auszuziehen, oder
ob es sich dabei um eine besonders grausame SM-Standard-
Demütigung handelte – nackt dastehen, nur in weißen Tennissocken! –, jedenfalls schien es ihm zu gefallen. Unaufgefordert
kletterte der Mann auf die Arztpritsche, hockte sich auf alle
viere und winselte wie ein Welpe, der gerade großes Pfui auf
den Wohnzimmerteppich gemacht hat.

Ruby hob eine ihrer Peitschen.

Dafne, ihre Stimme hatte hörbar noch mit dem Zwerchfell zu kämpfen, *tell me a number!*

Darauf war ich nicht vorbereitet. Übersetzen, klar. Aber wieso jetzt eine Zahl nennen wie bei einem dieser Zaubertrickheinis? Weil ich jedoch keine Pausen mehr entstehen lassen wollte, antwortete ich schnell und spontan, mit meiner Lieblingszahl, meinem Geburtsjahr: *Seventyseven.*

Ruby lachte laut auf, und ich übersetzte es unserem Kunden: *Siebenundsiebzig.*

Auch wenn ich es nicht verstand, der Kunde sollte alles verstehen. Schließlich ist der Kunde König, auch nackt, nur in Tennissocken, auf allen vieren, mit hochgestrecktem Hintern.

Dann holte Ruby mit ihrer Peitsche aus.

ONE! – Zwuuuuusch!

Voll auf den Hintern. Der Typ fiepte, und Ruby guckte mich erwartungsvoll an. Ach ja: *Eins.*

Dann holte sie wieder aus.

TWO! – Zwuuuuuusch!

Zwei.

Oh Gott, was hatte ich getan?!

Es ging weiter.

THREE! – Zwuuuuuusch!

Drei.

Siebenundsiebzig, wie bekloppt von mir!!!

FOUR! – Zwuuuuuusch!

Vier.

Warum hatte ich nicht irgendeine andere Zahl gesagt?!

FIVE! – Zwuuuuuusch!

Fünf.

Ich hatte ja auch noch andere Lieblingszahlen ...

SIX! – Zwuuuuuusch!

Sechs.

Zum Beispiel die 21, mein Geburtstag ...

SEVEN! – Zwuuuuuusch!

Sieben.

... oder die Fünf, den Mai, mein Geburtsmonat, mochte ich auch immer gerne ...

EIGHT! – Zwuuuuuusch!

Acht.

... was hatte ich dem armen Kerl mit siebenundsiebzig bloß eingebrockt!

NINE! – Zwuuuuuusch!

Neun.

Und weil ich mir Gewalt noch nie angucken konnte ...

TEN! – Zwuuuuuusch!

Zehn.

... auch wenn Rubys Profi-Peitschenhiebe bei weitem nicht so blutrünstig waren wie die mit der Neunschwänzigen bei Meuterei auf der Bounty ...

ELEVEN! – Zwuuuuuusch!

Elf.

... griff ich mir eins der Pornohefte, die neben dem Gynäkologenstuhl auf der Fensterbank lagen ...

TWELVE! – Zwuuuuuusch!

Zwölf.

... und begann, mit spitzen Fingern darin zu blättern.

THIRTEEN! – Zwuuuuuusch!

Dreizehn.

Wie beim Friseur in einer Illustrierten ...

FOURTEEN! – Zwuuuuuusch!

Vierzehn.

... bloß mit prominent dargestellten Genitalien statt mit Brad Pitt ...

FIFTEEN! – Zwuuuuuusch!

Fünfzehn.

... mit Natursekt statt Bowle-Rezepten ...

SIXTEEN! – Zwuuuuuusch!

Sechszehn.

... mit Rein-/Raus-Bildern statt mit Vorher-/Nachher-Fotos ...

SEVENTEEN! – Zwuuuuuusch!

Siebzehn.

... und mit Cumshots statt mit Make-up-Tipps.

So ging das immer weiter. Peitschenhieb für Peitschenhieb fiel der Mann tiefer in seine Bückhaltung, seine Atmung wurde schwerer, ungefähr bei *FOURTYEIGHT* bekam er kurz eine Erektion, aber da guckte ich nicht hin, sondern blätterte mich hektisch durch die Schmuddelheftchen, weil jeder Blickkontakt mit Ruby Gefahr lief, eine weitere Lachhysterie auszulösen. Ich gebe zu, gegluckst haben wir die ganze Zeit über. Aber diese ganze Aktion war auch einfach zu absurd, um professional zu bleiben!

Dann endlich: *SEVENTYSEVEN!* – Zwuuuuusch!

Siebenundsiebzig.

Der Mann machte das Geräusch eines geöffneten Schlauchbootventils.

Dafne, ask him if he's fine!

Geht es gut?

Ihm entfleuchte ein heiseres: *Jahhhhhh!*, dann kletterte er von der Pritsche, und Ruby trieb ihn auf allen vieren mit wedelnder Huschhuschhusch-Peitsche rüber in den Käfig. Als sie die Tür schloss, begann er zu flehen: *Ich kann nicht mehr. Ich möchte nicht mehr. Ich möchte hier raus.*

Ich übersetzte: *He says he can't stand it any more.*

Und Ruby öffnete die Käfigtür wieder: *Okay then: Out!*

Okay, raus!

Der Mann krabbelte aus dem Käfig, nahm seine Sachen und verließ fluchtartig das Gulaschzimmer. Tür zu.

Wir schauten uns an. Waren ein bisschen verstört. Wussten gar nicht, was wir von dem Abgang halten sollten. Immerhin war das hier ja auch ein Testlauf gewesen. Ob eine Zusammenarbeit in dieser Form überhaupt möglich ist.

Dann ging die Tür wieder auf, und Inge kam rein.

So, Mädchen, den Typen habta ja relativ fertig jemacht! Es jibt halt schon so'n paar Regeln hier ... Weil, man lacht ja den Menschen nisch aus. Und zwee uff enmal, dit is schon hart! Von zwee Frauen uff enmal ausjelacht zu werden, dit is wohl'n bisschen viel jewesen für den! Na, aber egal jetzt ...: Für jeden hier'n Fuffie, und du Domenica bist mit deina Auslage uff jeden Fall imma herzlich willkommen. Und wenn deine Freundin hier in Zukunft wat machen will, wär dit janz anjesagt, wenn se sich zwischendurch auch mal lecken lassen würde. Dit macht man hier so. Kannste ja ma fragen ...

Ruby fragen, ob sie sich hier in Inges Rumpel-Puff mal lecken lassen würde? Klar, auch wenn ich die Antwort schon kannte:

She says it was a little hard for the client and if you want to work here you should be thinking of having oral sex with the guys.

Ruby ging in die Luft: *For fuck's sake … Let's get out of here! This place is so fucking crappy and I definitely don't want to get licked!*

Sie stampfte über den Pilzpfad aus der Wohnung. Ich hinterher. Schnell durch die Gassi-Gefahrenzone, ab nach Hause zum Glückssellerie.

Aus unserem Business wurde nichts weiter. Das war aber nicht schlimm. Denn nur wenige Tage später hatte Ruby das Geld für ihr Rückflugticket zusammen, und mein Schrank war wieder frei.

Eine Freundin hatte nämlich ihrer Freundin von der Domina erzählt, die bei mir wohnte. Und die hatte das ihrem Freund erzählt, dessen Internatskumpel schon lange gewisse Fantasien hatte und glücklicherweise ein extrem reicher Sohn eines Molkerei-Magnaten war.

Alles, was Ruby für ihr Rückflugticket tun musste, war, einen Milchbubi im Polohemd auf einer Kinderschaukel im Tiergarten mit Brennnesselblättern zu füttern. Und dank International Business College ganz ohne Dolmina.

Sie flog sogar Business Class zurück.

Was Ruby heute macht? – Keine Ahnung. Ich hoffe, es geht ihr gut!

Und, hey Ruby, falls du das hier liest, liebe Grüße und: Ruf! Mich! An!

22

22. 9. 1987

LIEBES TAGEBUCH! Heute war der schlimmste Tag meines Lebens! Ich geh' nie wieder zum Rudern! Und das, was heute passiert ist, werde ich auch nie, nie, nie jemandem erzählen!

NIEMALS!

Eigentlich dachte ich, es ginge heute wieder mit den Jungs auf den Stößensee raus. Da hatte ich mich schon richtig drauf gefreut. ABER NEIN!

STATTDESSEN DIE TOTALE KATASTROPHE!!!!!

Die ganze Gruppe musste zum Sportarzt. Keine Ahnung warum. Krank war jedenfalls niemand. Und dass alle das wussten, nur ich nicht, war ja auch mal wieder typisch. Dann hat Barbara uns mit dem Clubbus dahin gefahren. Der hat total gestunken. Schlimmer als die Seitentasche von meinem Rucksack und die ekligen Fischdosen, die Papa immer isst, zusammen. Mir ist richtig schlecht geworden! Aber ich war voll blöd und habe dagegen angekämpft. Hätte ich bloß gekotzt, vielleicht wären wir dann umgedreht, und all das wäre nicht passiert.
Im Wartezimmer vom Sportarzt hat eine von den drei Katis dann noch gemeint: „Stellt euch vor, wenn man jetzt

sein Unterhemd vergessen hätte ..." Und die blonde Kati hat
voll blöd gekichert und gesagt: „Boah ey, das wär ja wohl
nur peinlich! Ich wüsste gar nicht, was ich machen würde.
Wahrscheinlich aus dem Fenster springen oder so ..."
Ich habe mir das Fenster dann erst mal angeguckt.
Springen hätte ich mich getraut, war ja Erdgeschoss, aber
der Griff sah kompliziert aus, und dann wurden wir auch
schon aufgerufen.
Das Zimmer vom Arzt war dunkelgrün, und zur Begrüßung
hat er zu uns gesagt: „Macht euch bitte obenrum frei."

VOLL DER SCHOCK!!!!

Ich hatte nämlich nichts unter meinem Trikot an!
Kein Unterhemd wie alle anderen Mädchen! Ich war nackt!
Und das, wo ich doch die Einzige bin, die schon Busen hat,
obwohl die drei Katis ja schon dreizehn sind.

VOLL PEINLICH!!!! ICH WÄRE FAST GESTORBEN!!!!

Und es wurde noch schlimmer: Wir mussten dann total
bescheuerte Übungen machen.
Und ich alles mit nacktem Busen!
Mit nacktem Busen auf einer Linie laufen!
Mit nacktem Busen auf einem Bein stehen!
Mit nacktem Busen versuchen, mit den Fingerspitzen die
Zehen zu berühren!
Mit nacktem Busen in einen bescheuerten Lungenkasten
pusten!

216

Und: VOLLE FÜNF MINUTEN MIT NACKTEM BUSEN AUF
EINEM TRAINIGSFAHRAD FAHREN MIT ÜBERALL AUF
DEM NACKTEN BUSEN FESTGEKLEBTEN
SAUGNAPFKABELN!!!! So wie der Junge am Ende von ET!!!
Der totale Horror!!!
Die drei Katis haben die ganze Zeit nur blöd geguckt.
Nicht gekichert wie sonst immer. Und dann habe ich
gehört, wie die eine Kati der blonden Kati ins Ohr
geflüstert hat: „Guck mal, Samantha Fox fährt Fahrrad ...!"
Auf der Rückfahrt im Stinkebus haben sie dann aber umso
mehr gekichert, immer „Touch me! Touch me!" gesungen
und gedacht, dass ich das nicht checke.

So, jetzt muss ich aufhören. Der Seewolf fängt an.

23

Busenbegriffe begreifen, Vol. 2

Nuckelpulle – Geht's noch?! Siehe Lutschis.

Ohren – Siehe Mümmelmänner.

Okolyten – Ein Busenwort, das ein bisschen nach etwas mit acht Armen und Saugnäpfen klingt oder wie etwas, was einem vom HNO aus der Nase geschnippelt werden muss. Beides eher gruselig!

Oschis – Klingt nach Speichel im Mundwinkel und Mettwurst-fingern.

Persönlichkeit – Siehe Charakter.

Planeten – Ein Wort, das Sinn macht. Denn jede Brust ist schließlich eine Welt für sich.

Quarktaschen – Das absolute Hasswort meiner Freundin Ute (Körbchengröße 80 D). Sie sagt, die Vorstellung, dass ihre Brüste aus geronnener, bröckliger Milchmasse bestünden, würde sie total sauer machen.

Quetschmänner – Siehe Ballermänner.

Rocky Mountains – Siehe Berge.

Schläuche – Mein persönliches Hasswort. Ich finde, dass selbst sogenannte Schlauchbrüste überhaupt nicht aussehen wie Schläuche, sondern eher wie Sahneéclairs oder so.

Schwanzhalter – Ähm ...

Schwanzklemmer – ... tja ...

Schwanzquetscher – ... liest sich in Folge ein bisschen wie ein urologischer Unfallbericht.

Silicon Valley – Siehe Gummigeschosse.

Sparring Partners – Klingt nach Matratzensport und blauen Flecken.

Stalagtitten – Typen, die so was sagen, sind ja wohl die totalen Stalagnieten!

Stoßdämpfer – Ein weiteres Busenwort aus dem Bereich der Verkehrssicherheit.

Super Dickmanns – Siehe Dickmanns.

Teile – Siehe Dinger.

Titten – Kann schlechte Gefühle auslösen, aber auch sehr gute.

Tröten – Klingt nervig.

Tüten – Siehe Beutel.

Tutteln – Die süddeutschen Cousinen der Titten?

Twin Peaks – Das passt. Denn hinter den schönsten Fassaden findet man oft die schrecklichsten Abgründe. – Wie ist das eigentlich? Weiß man heute, wer Laura Palmer umgebracht hat?

Überzeugende Argumente – Will sagen: Deine Meinung ist nicht von Belang. Und: Deine Brüste verschaffen dir Vorteile. Mag ich gar nicht!

Vorbau – Eine Busenbezeichnung, die einen weder vor Lachen aus dem Häuschen sein, noch vor Wut durch die Decke gehen lässt. Aber auf jeden Fall ein stabiler Baustein im Bereich des Busentalks.

Vulkane – Ein Busenwort, das auf eine heiße, brodelnde, aber auch tiefzurückgestaute und mitunter sich auf erschreckende Weise entladende Busenleidenschaft des Wortbenutzers schließen lässt. Vorsicht! Da steht jemand unter Druck.

Warzenberge – Stopp! An dieser Stelle will ich mal etwas fragen: Berge hin oder her, aber was soll das mit diesen Warzenworten überhaupt?! Brustwarze, Warzenhof, Warzewarzewarze ... Als wären Brüste so was wie Hexennasen, Schwimmbadfußsohlen oder Lemmy-Kilmister-Gesichter. Auch rein anatomisch macht der Name überhaupt keinen Sinn. So eine schöne, sensible, von feinsten Muskelsträngen durchzogene Brustwarze hat nämlich überhaupt nichts mit Warzen, den Geschwülsten der oberen Hautschicht, die von Ärzten eingeeist, ausgeschabt und mit Stumpf und Stiel entfernt werden, gemein. Außerdem: Sind Warzen nicht sogar ansteckend? Die Typen von der Deutschen Anatomischen Gesellschaft, die das Wort Brustwarze (latittisch: Papilla mammaria) 1895 als offiziellen Begriff festlegten, müssen auf jeden Fall ein eher krankes Verhältnis zu Brüsten gehabt haben! (Und mit dem lustigen Wort Kitzler konnten sie das auch nicht wiedergutmachen.) Dabei geht es auch anders: Auf Ungarisch heißt Brustwarze *mellbimbo*, Brustknospe. Und die Franzosen sagen immerhin *bout de sein*, Ende der Brust. Aber was soll's, ob Brustwarze, Nippel oder was auch immer, Hauptsache man hat sie lieb.

Zitzen – Haben Tiere.

Zwei gute Gründe, morgens aufzustehen – Das kann auch wirklich nur jemand sagen, der keine hat ...

Am Ende ist es alles eine Frage des Kontextes. Ein und dieselbe Busenbezeichnung kann richtig sein oder auch falsch. Kann weh tun oder auch schmeicheln. Kann einen total aufregen oder sogar erregen.

Es kommt immer darauf an: Wer sagt's? Wie wird es gesagt? Wo? Wann? Und in welchem Zusammenhang?

Es ist ein bisschen wie mit Schnaps trinken. Schnaps trinkt

man ja auch nicht mit Fremden, die einem auf der Straße oder in der U-Bahn ungefragt ihren Flachmann rüberwerfen. Das wäre eher eklig.

Aber ist man zum Beispiel gerade mit jemand Bestimmtem auf einen Berg gestiegen oder auch auf zwei (siehe Berge) und trinkt nach soundso viel Höhenmetern einen Schluck, um den Gipfelsieg zu feiern und dem Höhenrausch eine Chance zu geben, gibt es gewiss nichts auf der Welt, was dagegenspricht.

24

Eine Mutter lässt tief blicken

Mama, das ist Annika.

Frau Finkes Augen wurden so groß, dass sie ihr fast aus dem Kopf gefallen wären, direkt in mein Dekolleté.

Dabei hatte ich mir doch in Berlin extra noch ein richtiges Schwiegermutter-Kleid gekauft. Es war dunkelblau, original aus den Zwanzigern, endete einen guten Saum breit unterhalb des Knies, hatte Ärmel in Dreiviertellänge und, ja, es war schon etwas tiefer dekolletiert, aber dafür war der Ausschnitt nur sehr schmal. Eine Art Schlitz, der im Ost-Holsteiner Hochsommer mit all seinen Tanktops und Spaghettiträgerhemdchen eigentlich eher winterlich als freizügig rübergekommen wäre, hätten nicht meine verdammten Brüste darin gesteckt. Aber um die anständig zu tarnen, wäre schon so was wie ein Postsack nötig gewesen oder der Poncho eines peruanischen Lama-Hirten. Und in solch einem exzentrischen Aufzug Flos Mutter kennenzulernen, hätte wohl auch keinen besonders tollen ersten Eindruck hinterlassen.

Vielleicht habe ich es ja schon mal erwähnt, Flo war sensibel. Und als ich sah, wie Frau Finke mich das erste Mal sah, wusste ich: Das hatte er von seiner Mutter. Die stand jetzt da, auf ihrer Kiek-mol-wedder-in-Fußmatte, im Rahmen der weiß-zitronengelb lackieren Landhaustür ihrer ausgebauten Reetdachmühle und verstand die Welt nicht mehr. Was hatte sie bloß falsch gemacht?! Welche Lücke versuchte Florian, ganz tief in sich mit meinen Brüsten zu füllen? Er war doch von ihr gestillt worden, obwohl das in den Siebzigern gar nicht in gewesen war! Hätte sie ihm damals seinen Schnuller nicht wegnehmen dürfen? Waren meine Brüste vielleicht die Trotzphase, die er nie hatte? Oder eine Art postpubertäre Rebellion gegen ihren Pragmatismus, den Freiraum und die Augenhöhe, auf die sie doch bei ihrem Mutter-Sohn-Verhältnis immer so stolz gewesen war?

Ich sah, wie sich vor Frau Finkes geistigem Auge Dinge abspielten, an die Flo und ich noch gar nicht gedacht hatten. Versauter Schweinkram, den die Deutsch- und Kunstlehrerin im Vorruhestand gar nicht sehen wollte, sich dagegen aber auch nicht wehren konnte.

Was machte ich nur mit ihrem Sohn?! Wie konnte es passieren, dass Florian in eine solch perfide Triebspirale geraten war?! Warum lebte er eine derart plumpe Männerfantasie?! Hatte es irgendwann in Florians psychosexueller Entwicklung vielleicht ein traumatisches Busenerlebnis gegeben, das sie als Mutter in seiner Tragweite unterschätzt hatte? Hätten sie und Horst damals im gemeinsamen Lanzarote-Urlaub mit den Baltzers nicht den Abstecher auf den FKK-Campingplatz machen sollen? Waren Jutta Baltzers fette Titten an allem schuld? Hätte sie dafür sorgen sollen, dass sich Jutta wenigstens beim gemeinsamen Frühstück mit den Kindern bedeckte und nicht die ganze Zeit mit ihren fetten, wulstigen Busen in den Brötchenkrümeln und der Marmelade hing? Oder war Florian doch nur schwul und meine Brüste lediglich ein letzter Versuch, gegen seine wahre Neigung anzukämpfen? Hoffentlich!

Frau Finke versuchte, sich zusammenzureißen.

Haaallo Annikaaa, sprach sie mit bemühtem Singsang in der Stimme. *Schööön, dass wir uns mal kennenlernen! Wie war der Verkehr? ... äääh, ich meine, seid Ihr gut durchgekommen?*

Wir schüttelten uns die nervösen Hände, und ich ergriff die Chance, ihr zu zeigen, was hinter meinen Brüsten doch für ein feingeistiger Mensch steckte.

Ja, wir hatten eine herrliche Fahrt, antwortete ich, *tolles Reisewetter, und überall blüht es gerade so schön. Ich liebe Raps!*

Sicherlich war das von meinem Feingeist ein bisschen zu dick aufgetragen, aber um eine sensible Mutter von den Riesenbrüsten abzulenken, die gerade im Begriff waren, ihre ganze Welt ins Wanken zu bringen, darf es gerne auch mal etwas mehr sein. Und es schien für den Moment sogar zu ziehen. Sichtlich angestrengt, nicht weiter auf meinen Busen zu starren, bat sie uns herein.

Egal wie oft es passiert: Für eine Mutter ist die Situation, wenn der Sohn das erste Mal die neue Frau in seinem Leben mit nach Hause bringt, immer alles andere als einfach. Es steht ja auch viel auf dem Spiel. Entweder könnte sie eine Tochter gewinnen oder ihren Sohn verlieren. So oder so ein großer Einschnitt. Aber wenn ein Sohn das erste Mal eine Frau mit nach Hause bringt, die Riesenbrüste hat, kommt das für seine Mutter gleich doppelt dick. Dann ist da neben dem Einschnitt plötzlich auch noch dieser Ausschnitt! Und der wirft unausweichlich viele, viele Fragen auf, die im Grunde alle eine sind: WARUM?!!!!

Annikaaa, du musst mir uuunbedingt erzählen, wo duuu und Florian euch kennengelernt habt!, sang Frau Finke, nachdem wir im

Flur die Schuhe ausgezogen und im Wohnbereich zwischen Regalen voller nach Farben geordneter Bücherrücken auf einer Sitzlandschaft aus Rattan Platz genommen hatten. *Das ist bestimmt eine gaaanz interessante Geschichte ... Minztee? Ist frisch aus dem Garten.*

Möööönsch Muttern ..., maulte Flo, während er uns aus einer Glaskaraffe voller grüner Blätter und Eiswürfel Tee in Töpferbecher einschenkte.

Gerne! Mmmhhh, wie erfrischend!, antwortete ich, immer noch im Feingeist-Modus, und erzählte Frau Finke, dass Flo und ich im selben Club arbeiteten und nach Feierabend dort einfach mal länger geblieben waren.

Das hätte ich nicht tun sollen!

Frau Finkes Blick glitschte wieder ab. Er plumpste tief in meinen Ausschnitt, und ich konnte sehen, wie ihr geistiges Auge auf versaute Abwege geriet: Florian nackt in einer leeren Sex-Disco! Florian nackt im Strobolicht angekettet an ein rotierendes Andreaskreuz! Ich mit einer venezianischen Maske! Meine Brüste kaum bedeckt von einem transparenten Negligé! Florian mit einem Riesenschnuller! Jutta Baltzer nackt in einem Kinderplanschbecken voller Marmelade und Krümeln! Fette Titten! Überall fette Titten! Und das alles zu dem Sound von *Yello,* dieser kranken Band aus der Schweiz, mit der Horst ihr immer den letzten Nerv geraubt hatte, wenn er betrunken war.

Vor Schreck verschluckte sich Frau Finke an einem Pfefferminzstängel. Sie hustete und rief dabei: *In einem Club?!! Florian?!! Du arbeitest in einem Club?!! Was für ein Club?!! Ich denke, du bist Kameramann!!!*

Sie würgte kurz.

Dann kaute sie.

Schluckte und räusperte sich.

Entschuldige, Florian, sprach sie nun mit betont ruhiger Stimme weiter. *Ich war eben nur gerade etwas überrascht ... Wie und wo du dein Potential entfaltest, ist und bleibt natürlich ganz und gar deine Sache.*

Mööönsch Muttern, maulte Flo und verdrehte die Augen. *Das ist doch nur dienstags ...*

Mit einem ausgeatmeten *Wie dem auch sei* erhob sich Frau Finke von der Sitzlandschaft aus Rattan und begann vor ihren Regalen mit den nach Farben geordneten Bücherrücken auf und ab zu laufen. Dann, nach ein paarmal hin und her, sagte sie: *Naaaja ...* und klatschte dabei in die Hände, als wolle sie den Tag noch mal von vorne anfangen: *Viele kreative, schlaue Menschen haben den Bereich der Erotik mal für sich benutzt, um ihre Grenzen auszuloten.*

Jetzt verschluckte ich mich. Allerdings nicht an der Minze aus dem Garten, sondern an der völligen Vergurktheit der Situation und der Erkenntnis: Ost-Holstein war verloren. Trotz Feingeist und dunkelblauem Schwiegermutter-Kleid.

Als wir wieder in Berlin waren, machte Flo mit mir Schluss. Er sagte, ich wäre echt nett und so, und es würde ihn auch sehr traurig machen, aber irgendwie wäre ihm das alles too much mit mir. Flo war eben sensibel. Aber wer ist das eigentlich nicht?

25

Last Exit Booblyn

MOARDSTITTEN!, hallte es durch die Paris Bar, schwungvoll geschmettert wie eine Torte auf einer ausgelassen Party oder ein Fernseher aus dem Fenster einer Hotelsuite. *MOARDSTIT-TEN! Des Madl hoat MOARDSTITTEN! MOARDSTITTEN san des!* Immer wieder, über die lange Tafel mit den weißen, gesteiften Tischtüchern und den Kerzenständern, so laut, dass der Rotwein in den Gläsern schon Wellen schlug.

Es war Berlinale, ganz Berlin war voll auf'm Film, nur meine romantische Komödie mit Flo hatte das Schicksal gerade umgeschnitten in ein graues, verkrisseltes Depri-Drama. Ich befand mich in einem tiefen Jammertal des Herzschmerzes und ausgerechnet das Wort *MOARDSTITTEN* holte mich da wieder raus.

Beeert!, mahnte meine Freundin Jessi, Schauspielerin und gerade mit Zigarette im Mundwinkel auf dem Cover der *Emma*, den erfolgreichen Filmproduzenten: *Frau Trost ist eine junge, intelligente Frau, die man respektvoll behandeln sollte!*

Genau, stimmte Bert Weidinger ihr mit vor Begeisterung und Übermut erdbeerrotem Gesicht zu und schmetterte erneut lauthals durch den ganzen Raum: *Und MOARDSTITTEN hoat's!*

Wir mussten lachen.

Lachen ist manchmal einfach viel besser als weinen, besonders in der Kombination Liebeskummer und Rotwein. Wenn der vermeintliche Fehler endlich auf die Unverbesserlichkeit trifft, das Tabu auf das Scheißdrauf und – wie in diesem Moment – beziehungsmordende Riesenbrüste auf erdbeerroten Übermut, verschwindet der Kummer so leicht und unbemerkt wie Kleingeld aus einer Hosentasche mit Loch.

Trotzdem mahnte Jessi noch mal. Nicht wegen der *Emma*, nicht anstandshalber, sondern einfach um das Wort wieder über die Tische fliegen zu lassen, weil sie merkte, wie gut es mir tat:

Beeert! Also wirklich ...!

Die Antwort folgte prompt und lauthals: *Des soag i euch: In oaner Welt, in der i net mehr MOARDSTITTEN soagen doarf, will i net leben!*

Lachen.

Ich lachte. Jessi lachte. Alle lachten. Selbst die gesteiften Kellner mit den ernsten Schnurrbärten.

Beeert!, sagte Jessi mit mahnender Extra-Deutlichkeit, wischte sich die Tränen und winkte dabei mit ihren langen, dunklen Wimpern, als wären es Zaunpfähle. *Du musst halt ein bisschen sensibel mit der Frau Trost umgehen. Die wurde gerade erst von ihrem Freund verlassen ...*

I glaub's net!, Bert Weidinger sprang von seinem Stuhl auf und schlug sich mit beiden Händen an die mittlerweile himbeerrote Stirn: *Warum verlässt man denn oane Frau mit solchenen MOARDSTITTEN?!!!*

Mit weitaufgerissenen Augen guckte er mich an. Nicht auf den Busen, nicht in den Ausschnitt, sondern ins Gesicht. Er war ernsthaft entrüstet und wollte es wirklich wissen.

Ich antwortete: *Na ja, eigentlich genau wegen den Mordstitten ... Das war dem dann wohl doch alles ein bisschen viel.*

Alle lachten. Außer Bert, der jetzt ins Brombeer übergehende erfolgreiche Filmproduzent: *Was für an Hornochs'!!! Himmel Herrgott Sakra!!! Soag a mal, is des a Blinder?!!!!*

Ich antwortete: *Nee, der hat eigentlich sehr gute Augen. Der ist Kameramann.*

Woooas ...?! A Kameramann ...?!, donnerte er. *Wie hoast der Depp?!*

Ich antwortete: *Florian Finke.*

Hoab i s mir doch g'dacht! So an Idiot kenn i net! Bert fuchtelte mit den Armen in der Luft. *I broach sofort a Telefon!*

Er griff seinen Stuhl, lief damit um die Tafel herum, setzte sich zwischen Jessi und mich und wählte auf Jessis Nokia Handy die Nummer, die ich so auswendig konnte wie »Love Me Tender« von Elvis: die Nummer von Flo!

2 Uhr 31. Die ganze Paris Bar hielt den Atem an, während mein Herz endlich wieder Luft bekam.

Tuuut.

Kein Besteckgeklimper.

Tuuut.

Kein Nachschenken von Rotwein.

Tuuut.

Gesteifte Kellner im Freezemodus.

Klack.

Hi, das ist der Anschluss von Florian Finke. Ich kann leider gerade nicht rangehen, aber hinterlass mir doch 'ne Nachricht nach dem Ton.

Wie oft hatte ich diese Ansage in den letzten Tagen gehört, aber die Ansage, die ich Flo hätte machen wollen, einfach nicht über die Lippen gebracht!

Gut, dass Bert Weidinger dieses Problem nicht hatte.

Piiieeep.

Grüß Gott Herr Finke. I sitz hier groad neben zwei intelligenten Frauen, von denen Sie oane persönlich gut kennen dürften ... Und i gib Ihnen jetzt moal a Ratschlag: Wenn Sie im Leben was erreichen wollen, sollten Sie a intelligente Frau immer reschpektvoll und dankbar behandeln ... Vor allen Dingen WENN SIE SOLCHENEN MOARDSTITTEN HOAT!!!! Mein Name ist übrigens Bert Weidinger, und i wünsch Ihnen a guade Nacht!

Klack.

Tosender Applaus.

Manchmal muss man eben ein bisschen daneben sein, um genau ins Schwarze zu treffen.

Eine Woche später:

Ringring, ringring.

– *Hallo?*

– *Hey Annika ...* (räusper) *Ich bin's ... Flo ...*

– *Oh ... Hallo Flo ...*

– *Na, wie geht's dir ...?*

– *Na ja ... Und dir ...?*

– *Ach, total super eigentlich. Ich hab jetzt mit Mario zusammengeschmissen und endlich die Kamera gekauft ...*

– *Schön ...*

– *Ja total! Wir haben damit auch schon unser erstes Projekt am Laufen: Einen Kurzfilm. So Tarantino meets* Braindead *meets* She Wolf *meets* Das große Fressen *meets* Lynch.

– *Aha ...*

– *Ja, halt so voll abgefahren ... Mario hat das Drehbuch geschrieben. Wir wollen damit auf so'n Fantasy Filmfestival nach Wien ... Vielleicht sind wir der Jury aber auch zu krass, mal sehen. Und, erinnerst du dich noch an Sonja?*

– *Die Blonde, die »Igitt, die Tittentrulla?!« gesagt hat, als du ihr erzählt hast, dass wir zusammen sind ...?*

– *Äh ...* (räusper) *Genau ... Die spielt zum Beispiel die Hauptrolle.*

– Na, super …

– Ja irgendwie macht sie das echt voll gut … Im Film ist sie eine siebentausend Jahre alte Forscherin und kann nicht sterben, weil sie eigentlich ein geklonter Vampir ist.

– Alles klar …

– Ja, total krass, weil sie wurde ja nie gebissen, ist aber trotzdem ein Vampir.

– Verstehe …

– Und dann hat sie immer so Flashbacks von Sachen, die sie schon erlebt hat … Werwölfe, Voodoo, Aera 51 … Und äh (räusper) … Und dann gibt's da halt noch die Szene, in der eine lesbische Nazi-Krankenschwester versucht, Sonja zu verführen …

– Ach …

– Ja … Und Mario hatte die Idee, dass ich … (räusper) dass ich dich …

– Flo, frag bitte nicht …!

– Dass ich dich mal frage, ob du die Rolle spielen möchtest …

– Die lesbische Nazi-Krankenschwester …!!!

– Genau. Du hättest auch keinen Text oder so … Alles voll easy … Du müsstest dich nur einmal ganz tief über Sonjas Sarg beugen und ihr einen Zungenkuss geben.

– Also ähm … Flo, ganz ehrlich … Ich … Ich lege jetzt auf …

– Mööööönsch Annika …

– Nee … Lass mal … Tschüss Flo ….

– Moment, warte noch, sag mal, war das neulich wirklich Bert Weidinger auf meiner Mailbox …

Klack.

26

Hands Off! – Never touch a running system

Ich stand oben ohne zwischen auf Drähten befestigten Eier-stockmodellen, Postern mit Embryonen drauf und einem Regal voller Chlamydien-Ratgebern, hinter dem sich das piepsstimmige Fräulein Mund versteckte, und nichts schien dabei ungewöhnlich.

Herrn Dr. Krügers Augen waren geschlossen und seine Stirn in horizontale Falten gelegt, ganz so wie immer, wenn er meine Brust abtastete. Erst die rechte Brust, die ja von ihm aus ge-sehen, die linke war, jedenfalls wenn seine Augen offen gewe-sen wären, dann die andere. Tast, tast. Herr Dr. Krüger, Busi-ness as usual.

Verdammt, welche Socken trug ich heute eigentlich ...?!

Als ich das erste Mal gesehen hatte, wie Herr Dr. Krüger die Augen schloss und zwar genau in dem Moment, in dem seine Finger meine Brust berührten, war ich schon kurz irritiert ge-wesen und hatte mich gefragt, ob ich das irgendwie komisch finden sollte. Die Frauenärztin, bei der ich vor ihm gewesen war, hatte beim Brustabtasten nie die Augen zu. Und immer-hin könnte man das Schließen der Augen als Zeichen von Genuss werten. So wie beim Küssen. Da schließt man ja auch die Augen. Da ist es andersrum eher eigenartig. Wenn du kurz blinzelst und bemerkst, dass dich keine Wimpernlänge vor dir zwei weitaufgerissene Augäpfel anglubschen wie die eines Monsters, das versucht, dir mit rausgestreckter Wackelzunge einen Schreck einzujagen.

Als ich dann aber einen Artikel über eine blinde Frau las, die aufgrund ihres ausgeprägten Tastsinns in der Lage ist, schon die kleinsten Veränderungen des Brustgewebes zu erfühlen, erschlossen sich mir die geschlossenen Augen von Herrn Dr. Krüger als etwas Sinnvolles. Ab da sah ich das Ganze als Zeichen von Durchblick, moderner Methodik und professioneller Konzentration.

Und bei meinen Brüsten, tja, brauchte er offensichtlich ziemlich viel davon.

Tast, tast, alles wie immer, und hoffentlich trug ich nicht die Socken, die heute Morgen noch auf dem Hocker neben der Dusche gelegen hatten ...

Doch dann: Obwohl Herr Dr. Krüger sich erst halb durch meine rechte Brust getastet hatte, öffneten sich plötzlich seine Augen.

Sagen Sie, Frau Trost, sprach er und blickte dabei auf das, was er da in den Händen hielt, *haben Sie schon mal darüber nachgedacht, Ihre Brüste verkleinern zu lassen?*

Auf diese Frage war ich nicht vorbereitet. Ich hatte mit Herrn Dr. Krüger noch nie über die Größe meiner Brüste gesprochen. Sonst ging es immer nur um Verhütungsmittel oder – so wie heute – um Blasenentzündung. Und das mit dem Abtasten lief nebenbei, während ich in meinem Kurzzeitgedächtnis danach kramte, welche Socken ich trug, damit ich nicht erst wieder breitbeinig auf dem Stuhl bemerke, dass die eine Socke türkis ist und die andere die senfgelbgrüngeringelte mit dem Guckloch für den großen Zeh, die ich schon längst hätte wegschmeißen sollen.

Und dass Herr Dr. Krüger in den zwei Jahren, in denen er

mich nun schon mit geschlossenen Augen abtastete, noch nie etwas über meine Brüste gesagt hatte, war mir auch sehr recht gewesen. Schließlich bedeutete es doch, dass ihre Größe zumindest aus medizinischer Sicht unbedenklich war.

Dementsprechend haute mich seine Frage nach meiner Einstellung gegenüber einer Brustverkleinerung jetzt auch ziemlich aus den unterschiedlichen Socken: Was zum Möpsehenker sollte ich ihm darauf antworten?!

Wo sollte ich anfangen?

Tast, tast.

Um dem Thema zunächst ein bisschen die Schwere zu nehmen, scherzte ich, denn der beste Witz ist, auch wenn es um Brüste geht, immer die Wahrheit: *Darüber nachgedacht ...? Ja, zum Beispiel eben gerade in der S-Bahn, als die englische Junggesellenabschiedsparty zugestiegen ist ...*

Herr Dr. Krüger nickte. Für ihn war die Sache klar: *In ihrem Fall, Frau Trost,* erwiderte er, *wäre eine Brustverkleinerung eine Maßnahme, zu der ich wirklich raten würde.* Tast, tast. *Sie haben da ja schon eine ganze Menge mit sich rumzuschleppen.* Tast, tast. *Ich würde Sie dafür zu meinem Kollegen Herrn Dr. Mikkelsen überweisen. Von ihm habe ich schon sehr schöne Resultate gesehen.*

Er wandte sich an das Chlamydien-Ratgeber-Regal: *Fräulein Mund ...?,* rief er durch die Prospekte, und von der anderen Seite piepste es zurück: *Ja, Herr Doktor ...?*

Bitte machen Sie für Frau Trost eine Überweisung an Herrn Dr. Mikkelsen fertig!

Fräulein Mund begann mit Papieren zu rascheln.

Mir ging das alles ein bisschen schnell.

Natürlich dachte ich jeden Tag daran, dass ein Leben mit

kleineren Brüsten viel, viel leichter wäre. Ich malte mir aus, wie lässig und grazil es sich anfühlen müsse, als rehgleiches, wendiges Audrey-Hepburn-Mädchen durch die Gegend zu springen, mit einer lieblichen, edlen, subtilen Verruchtheit, für die es gar nicht genug Adjektive gibt und die nicht sofort mit dem Busen in jedes Haus fällt. – Aber wollte ich das wirklich? Und vor allem: So ...? Bei den englischen Dumpfgesellen hatte ich ja auch daran gedacht, ihnen ihre Papphütchen in die großen Klappen zu stopfen, sie mit ihren Luftschlangen zu einem fetten, rothaarigen Knäuel zu fesseln, um es dann an der nächsten Station den tollwütigen Großstadttauben zum Fraß vorzuwerfen, und es nicht getan. Obwohl ich – und das muss ich an dieser Stelle betonen – bei ihren Sprüchen jedes verdammte Recht dazu gehabt hätte!

Aber wen oder was hatten meine Brüste beleidigt? Wofür sollte es ihnen an den Kragen gehen? Einfach nur für ihre Größe?

Etwas von ihnen wegschneiden lassen, die Brustwarzen versetzen, alles wieder zusammennähen und hoffen, dass die Narben verblassen, sie gefühlsecht bleiben und ich irgendwann später mal stillen kann?!

Das fühlte sich nicht richtig an!

Meine Brüste waren gewiss eine Last, aber doch keine Krankheit! Kein Gammelzahn, der gezogen werden muss, kein Blinddarm, der sich entzündet hat, und auch kein sich in der Farbe verändernder Leberfleck.

Einem gesunden, runden Busen einen Strick daraus zu drehen, dass alles um ihn herum dauernd am Durchdrehen ist, schien mir alles andere als gerecht zu sein! Meine Brüste waren groß, aber verdammte Axt nochmal, sie waren unschuldig!

Mit den Worten *Fräulein Mund, Frau Trost bekommt dann bitte noch einen Becher für den Urintest* ... überließ Herr Dr. Krüger sie wieder der Schwerkraft. Und während ich in der Praxis-Toilette in den weißen, mit meinem Namen versehenen Plastikbecher pinkelte, spürte ich das Gefühl in mir wachsen, mich für meine Brüste gerade zu machen.

Meine Socken waren an diesem Tag türkis und grau und meine Brüste und ich uns für einen grandiosen Augenblick grün. Aber natürlich nur, bis wir wieder in die S-Bahn steigen würden.

27

80 G

Ich war schon halb im Erdgeschoss, da hörte ich, wie oben eine Tür aufging und die Piepsstimme, die eben noch zu mir gesagt hatte *Auf Wiedersehen, hier Ihr Rezept und immer ganz viel Wasser trinken oder Kräutertee!*, meinen Namen in das Treppenhaus rief.

Frauuuu Trooooost ...?, piepste es die Steinstufen hinunter.

Es war die Piepsstimme vom Fräulein Mund, das sich im zweiten Stock weißkittelig über das Geländer beugte: *Frau Trooost, kommen Sie bitte unbedingt noch mal zurüüüück ...?! Der Herr Doktor müsste noch mal kurz mit Ihnen reeeden!*

Auf ärztliche Anweisung drehte ich also um.

Oben am Treppenabsatz angekommen wartete Fräulein Mund mit einem Urinbecher in der Hand, der mir sehr bekannt vorkam, in dem aber nun ein weiß-rot-gestreifter Teststreifen hin und her schaukelte wie ein Strohhalm in einer Pipi Colada. Sie verlangte das Antibiotikum-Rezept zurück, das sie mir drei Minuten zuvor erst ausgestellt hatte: *Frau Trost, Sie bekommen etwas anderes. Bitte gehen Sie direkt durch ins Sprechzimmer. Der Herr Doktor wird Ihnen alles erklären.*

Herr Dr. Krüger stand vor seinem Schreibtisch. Seine Stirn war in horizontale Falten gelegt, und er hatte seine Augen geschlossen, als er mir sagte: *Herzlichen Glückwunsch! Wir sehen uns jetzt öfter.*

Ich erfuhr, dass das Rendezvous meiner Brüste mit dem Skalpell eines gewissen Dr. Mikkelsen, auf das ich ja ohnehin nicht scharf gewesen war, im Moment erst einmal flachfallen müsse. Dass meine Brüste demnächst anfangen würden, zu spannen und zu zwicken und dass Bügel-BHs nun meine Brustdurchblutung beeinträchtigen könnten und ich deshalb lieber auf BHs ohne Bügel umsteigen sollte. Dass ich ab sofort keinen Alkohol mehr trinken dürfte und auch auf andere Rauschmittel verzichten müsste. Dass ein Rotwein zu Tom Waits oder Adriano Celentano da keine Ausnahme war, genauso wie der Sake beim Versacken in der Sushi Bar oder die Kanne Kaffee nach einer langen, in viele silbrige Stroboblitze zerflossenen Nacht und sich jetzt überhaupt in meinem Leben alles, alles ändern würde. Ich erfuhr, dass ich schwanger war. Und auch wenn es sich zunächst anfühlte wie ein Schock, war ich darüber sehr glücklich. In meinem Herzen knallten die Korken.

Was meine Brüste betraf, kam es nun allerdings zum Super-Gau: Schon zwei Wochen später waren sie explodiert. Von 75 F auf 80 G! Ausgerechnet jetzt, wo ich doch gerade begonnen hatte, mit ihnen ein bisschen auf Kuschelkurs zu gehen, ihrer Größe gegenüber großmütiger sein wollte, sie einfach so sein lassen wollte, wie sie waren, weil sie dafür bestimmt schon irgendeinen Grund hatten. Ausgerechnet jetzt wuchsen sie wieder.

Sie wurden groß wie zwei Jumbo-Vorratsfässer Gewürzgurken und so schwer wie zehn XXL-Maxi-Strawberry-Milkshakes, sie spannten, sie zwickten, zogen an meinen Schultern, dass sich der Rücken von oben bis unten anfühlte, als wäre er aus Stein, und einen passenden BH für sie zu finden war ungefähr genauso einfach wie eine dreibeinige Jeans.

Ich telefonierte das gesamte Berliner Branchenbuch durch. Aber in keinem Wäscheladen der Stadt war ein 80 G-BH vorrätig, und so manche Fachkraft verbat sich sogar diesen albernen Telefonstreich.

Fündig wurde ich erst in einem Sanitätshaus.

Zwischen Krücken und Stützstrümpfen, Hämorrhoidenkissen und Rollstuhltoiletten kletterte ein tapferer Verkäufer mit einer Taschenlampe zwischen den Zähnen in solch schwindelnde Höhen seiner Lagerleiter, dass ihm da oben schon die Luft ganz dünn wurde. Unten wieder angekommen überreichte er mir dann stolz wie ein Bergsteiger nach dem Gipfelsieg eine staubige Schachtel. Ihr Inhalt allerdings war alles andere als edelweiß, obwohl das BH-Monstrum, das der Verkäufer vor mir begann zu entfalten und irgendwie gar nicht damit aufzuhören schien, ziemlich weiß war.

Der bügellose 80 G-BH mit den extra breiten Trägern sah aus wie zwei aneinander getackerte Seniorenwindeln. Und was er mit der Form meiner Brüste machte, war auch voll kacke – aber ja nicht zu ändern.

Noch im achten Monat überschattete mein Busen meinen Babybauch. Kaum jemand kam auf die Idee, ich könnte schwanger sein. Dagegen nahmen viele an, mir wären meine Riesenbrüste nun total zu Kopf gestiegen, und ich hätte sie mir noch vergrößern lassen; weil ich wohl nie den Hals voll kriegen könnte.

Das Gequatsche interessierte mich aber nicht. Ich nähte Fliegenpilze auf hellblau-geringelte Strampelanzüge.

Extreme Differenzen #3

75 F: Ich habe mal gelesen, Frauen mit kleinen Brüsten hätten im Schnitt ein zufriedeneres Körpergefühl als Frauen mit großen Brüsten.

75 A: Ja ja, alles klar …

75 F: Nee wirklich!

75 A: Ich weiß, ich weiß, ich weiß … Kleine Brüste sind wandelbar, sport- und alltagstauglich, passen in alle Klamotten und sollten sie mal hängen, dann jedenfalls nicht besonders tief …

75 F: Genau.

75 A: So ein Scheiß …!!! Dauernd wollen mir Frauen mit großen, schönen Brüsten erzählen, wie schrecklich ihr Leben ist: Oh, ich Arme kann gar nicht auf dem Bauch schlafen …

75 F: Hä? Ich schlafe immer auf dem Bauch!

75 A: Und dumme Sprüche musst du dir mit kleinen Brüsten genauso anhören: Guck mal ein BMW …

75 F: Wieso BMW?

75 A: Brett mit Warzen …

75 F: Mies!

75 A: … oder: Hallo Holland!

75 A: Manchmal wünsche ich mir, einfach ein bisschen weiblicher zu sein.

75 F: Was genau meinst du mit weiblich?

75 A: Ich möchte weicher sein, ein Zuhause, ein Kissen. Für Träume und Kissenschlachten.

75 F: Aber dieses Doppel-D-Versprechen kann man halt oft nicht halten.

75 A: Weißt du was, ich denke …? Vielleicht ist es am Ende so: Frauen und Brüste werden nie Freunde sein. Dafür kennen sie sich einfach zu gut.

75 F: Oder gerade deswegen irgendwann dann doch die besten …

Plötzlich waren da diese blauen Augen.

In einem Gesicht, das ich unglaublich gut kannte, obwohl ich es noch nie gesehen hatte. Es schwamm auf mich zu. Kam näher und näher. Tauchte mit in Zeitlupe um den Kopf schwebender blonder Pilzkopf-Frisur durch die Geburtswanne des Geburtshauses.

Nimm ihn auf den Arm!, hörte ich die Hebammen aus dem Irgendwo sagen, und sie erklärten wohl noch, dass es wichtig wäre, dass ich das mache und nicht sie. Und ich, für immer hin und weg von seinem Anblick, hob mein Baby aus dem Wasser und legte es an meine Brust, ohne dass es mir jemand sagen musste.

Hallo.

28

Alles löst sich in Milch auf

Mutter Natur hat es so eingerichtet, dass die Schmerzen, die eine Frau während der Geburt ihres Kindes erlebt, bereits nach kurzer Zeit vergessen sind. Aus der Erinnerung gelöscht wie andere krasse Dinger, an die man sich besser nicht erinnert, wie dass Pierce Brosnan mal James Bond war oder ein Sammy-Minipli-mit-Headset-Hagar der Sänger von Van Halen. Einfach im Gehirn auf Nicht-Speichern gedrückt, damit die Erinnerung an Unangenehmes dem Leben nicht im Weg steht und auf der Welt nicht nur Einzelkinder herumhüpfen, sondern viele sich um iPads und Grießpudding zankende Schwestern und Brüder.

Etwas hat Mutter Natur dabei allerdings vergessen: Das Gefühl, wenn die Milch einschießt! Das vergisst man nämlich nie.

Ein Schmerz, als hätte einem jemand Bauklötze implantiert! Als würde die Muttermilch in eckigen Tetra Paks angeliefert und von kleinen, ruppigen Milchmännern unter Zeitdruck in die Brüste gestapelt: *Hier oben passt nix mehr drauf ...! – Egal jetzt, time is Mammi ... Dann dort links außen noch zwei Paletten hochkant!*

Meine Brüste schwollen an, sie drückten, wurden hart und heiß und noch mal riesiger. Kein Quarkwickel der Welt konnte sie kühlen, keine Massagetechnik sie erweichen, kein gut Zureden half.

Das Einzige, was ihnen helfen konnte, war das, wofür Brüste, wenn man es genau nimmt, gemacht sind. Das, was sie mit sich und dem Leben in einen magischen, weißen Flow bringt, sie sich selbst loslassen und dadurch stärker sein lässt als jeder Bizeps. Und das, was meinen Brüsten endlich, endlich einen Sinn gab: Stillen.

Darin war ich richtig gut.

Ich stillte im Liegen. Ich stillte im Sitzen. Ich stillte auf dem Sofa. Ich stillte im Stehen. Ich stillte im Schwimmbad beim Babyschwimmen, am Strand, an der Bushaltestelle und sogar in der U-Bahn, wenn er während der Fahrt Hunger bekam. Ich stillte vor dem Plattenspieler, als ich meinem Sohn »I'm Not Like Everybody Else« von den Kinks vorspielte, weil Mütter nun mal nicht anders können als zu versuchen, ihren Kindern etwas Gutgemeintes mit auf den Weg zu geben. Ich stillte, als sich kaum mehr jemand an Alf erinnern konnte. Ich stillte unter dem Silvesterhimmel. Ich stillte in der Frühlingssonne. Ich stillte, als die bösen Busengeister immer mehr die Lust verloren. Ich stillte in Flugzeugen, Restaurants und Cafés. Ich stillte überall, wo es Essen oder Trinken gab. Ich stillte unter dem Eiffelturm, im Hyde Park, in der obersten Kugel des Atomiums und auf den Stufen der Sagrada Familia. Ich stillte einmal über den Atlantik und zurück. Ich stillte auf Jennys Vernissage, als ein Vollidiot bemerkte, dass es ihm gar nicht reingehen würde, dass ich ein Kind habe, weil ich eben am Buffet doch noch so sexuell gewirkt hätte. Ich stillte, während mir ältere Frauen gerne von früher erzählten, dass sie damals auch so viel Milch hatten, so viel, dass sie davon sogar einen Teil in der Apotheke abgaben, für Babys, deren Mütter nicht stillen konnten. Ich stillte und stillte und schwebte dabei die Milchstraße hinauf, und vor mir lag nun nicht mehr nur mein Riesenbusen, sondern das große Ganze.

Ich stillte in der Shoppingmall auf der Bank vor H&M.

Ääähm, entschuldigen Sie ... Ein schmieriger Typ mit Fotoapparat um den Hals tippte mir auf die Schulter. *Ich sehe Sie hier gerade stillen, und das trifft sich großartig. Ich suche nämlich selbstbewusste Mütter für einen TV-Beitrag zum Thema* ...

Nein danke, kein Interesse!, unterbrach ich ihn.

Aber Sie wissen doch noch gar nicht, worum es geht!

Doch, weiß ich ..., unterbrach ich ihn wieder.

Das Thema ist total spannend ..., ließ er nicht locker, ... »*Mütter packen aus – Stillen in der Öffentlichkeit*« und ...

Nein, ich sagte doch, ich habe kein Interesse! Lassen Sie mich bitte in Ruhe!

Er fuchtelte mit seinem Fotoapparat vor meinem trinkenden Baby herum: *Wissen Sie was*, schlug er vor, *ich knips' jetzt einfach mal ein Foto von Ihnen, wie Sie hier gerade so schön selbstbewusst sitzen, und schick' das noch heute an den Sender und dann* ...

Ich stillte, als ich mich brüllen hörte, so laut, dass bei H&M die Schaufensterpuppen wackelten:

HAUEN SIE ENDLICH AB!!!

Vielleicht war das ein bisschen unhöflich. Vielleicht bekam der Typ all das ab, was mein Busen über Jahre in sich reingefressen hatte. Und wer weiß, vielleicht würde ich heute sogar mitmachen, wenn es seinen doofen Sender noch gäbe. Zu erzählen hätte ich jedenfalls genug. Auf jeden Fall hatte es gesessen. Beleidigt vor sich hin murmelnd verzog er sich: *Tsss, Ich dachte nur ... Ins Fernsehen kommen ... Berühmt werden ... Gutes Geld verdienen ... Windeln sind teuer ... 90 Euro kein Pappenstiel ... Dann halt nicht ... Wer nicht will, der hat schon ... Blöde Kuh ...*

Ich stillte dreizehn Monate. Und mein Sohn wurde immer größer und größer und meine Brüste immer kleiner.

Ich stillte, und eines Tages fing er an zu laufen. Er lief richtig schnell und ich immer hinterher. Null Problemo.